長沙簡牘博物館
湖南大學簡帛文獻研究中心 編

李鄂權
陳松長 主編

長沙走馬樓西漢簡牘選粹

岳麓書社

圖書在版編目（CIP）數據

長沙走馬樓西漢簡牘選粹 / 長沙簡牘博物館，湖南大學簡帛文獻研究中心编；李鄂權，陳松長主編 . -- 长沙 : 岳麓书社 , 2023.7

ISBN 978－7－5538－1904－4

Ⅰ . ①長… Ⅱ . ①長… ②湖… ③李… ④陳… Ⅲ . ①简（考古）－研究－長沙－三國时代 Ⅳ . ① K877.54

中国國家版本館 CIP 數據核字（2023）第 146700 號

長沙走馬樓西漢簡牘選粹
CHANGSHA ZOUMALOU XI HAN JIANDU XUANCUI

編　　者　長沙簡牘博物館
　　　　　湖南大學簡帛文獻研究中心
主　　編　李鄂權
　　　　　陳松長
責任編輯　王文西
特邀編輯　管巧靈
責任校對　魯雲雲　包文放
封面題簽　陳松長
書籍設計　綠光視覺藝術工作室
出版發行　岳麓書社
〔地　址〕湖南省長沙市愛民路四十七號
〔直銷電話〕0731－88804152　0731－88885616
〔郵　編〕410006

版　　次　二〇二三年七月第一版
印　　次　二〇二三年七月第一次印刷
開　　本　889mm×1194mm1 ／ 12
印　　張　13
字　　數　114千字
書　　號　ISBN 978 － 7 － 5538 － 1904 － 4
定　　價　肆佰捌拾圓
承　　印　雅昌文化（集團）有限公司
〔地　址〕深圳市南山區深雲路十九號

如有印裝質量問題，請與本社印務部聯繫
〔电　话〕0731 － 88884129

本書爲國家社會科學基金重大項目『長沙走馬樓西漢簡的整理與研究』（項目批准號：17GZD181）階段性成果

古文字與中華文明傳承發展工程

湖南大學協同攻關創新平臺

簡牘高質量整理出版工程項目成果

目錄

前言

簡牘高質量整理出版工程，是全國古籍整理出版規劃領導小組主持，中國學術界、文化界、出版界共同推進實施的一項重大文化工程，旨在高水平集成刊佈、高質量系統整理簡牘文獻。《長沙走馬樓西漢簡牘選粹》爲工程的重點項目。

長沙走馬樓西漢簡是二〇〇三年於長沙出土的一批漢武帝時期長沙國的官府文書，其數量多達兩千多枚，是瞭解認知西漢中期長沙國官府的行政運作、司法制度等方面的重要文獻，也是多方面展示西漢中期長沙國通用簡牘書體風貌的鮮活墨蹟。因此，長沙走馬樓西漢簡的整理刊佈一直是學界和書法界非常關注的重點之一。

這批簡牘出土後，長沙簡牘博物館的同仁經過十多年的努力，已將其進行了科學的保護處理和圖像的掃描拍照，並作出了初步的釋文。二〇一七年，『長沙走馬樓西漢簡的整理與研究』課題在國家社科重大攻關專案中立項，整理小組在經過十多次的集體研讀和分組討論後，已基本將這批簡牘分四卷整理就緒，即將全部正式出版。爲了儘快地讓讀者能一睹這批西漢簡牘的大致內容和書體風貌，我們在整理小組分卷整理的基礎上，精選了一百二十枚比較清晰可觀，在書體風格式樣上具有代表性的簡牘，按整理小組所理出的案例名目排列，並采用彩色原大，紅外綫放大的形式進行編排，以期學界和書法界的同仁都能儘快觀摩和認知到走馬樓西漢簡的內容價值和書法價值。

本書主要由謝計康和陳湘園、李蓉三位在讀博士負責編選，其中陳湘園負責挑選圖片，李蓉負責釋文，謝計康負責圖片處理及內容編排。

本書的編寫得到了岳麓書社的大力支持，在此表示衷心的感謝。

陳松長

二〇二三年三月廿八日

凡例

一 本書爲長沙走馬樓西漢簡牘選粹，我們從簡牘形制、案例内容、書體風格和文字清晰度等多方面綜合考慮，在兩千多枚簡牘中共選取了一百二十枚，來大致展示長沙走馬樓西漢簡的基本内容和書寫形態。

二 圖版節選自走馬樓西漢簡整理小組所分出的十八個案例和一組散簡，大致按整理小組編排的卷次分類排序，圖版釋文僅迻録原簡文字，不加注標點符號。

三 圖版分兩類編排：彩色圖版一般爲原尺寸大小，部分尺寸過長的簡則略有縮放，且在整理序號後加以標注；紅外綫圖版爲放大的圖像。圖版旁附釋文及整理序號。

四 簡牘整理序號以阿拉伯数字表示。

五 釋文采用通行繁體字，個别特有字形則隸定處理。對通假字和異體字均不作出括注。

六 保留原簡牘中的各種符號，如・／＝ㄴ 等，稍加規範録入。

七 本書所加編輯符號如下：

漫漶不清及無法釋讀的文字，一字一□表示。

一行無法釋讀又不能確定字數者，一律以『……』代替。

簡牘斷折處，以☑表示。

圖版

長沙邸傳舍壞敗弗舉劾案（1～10）

1

案傳舍二千石東舍門屋牝廿一枚後廁屋牡牝瓦各七枚其東内户扇廣四尺四寸袤七尺皆不見

0036 縮放

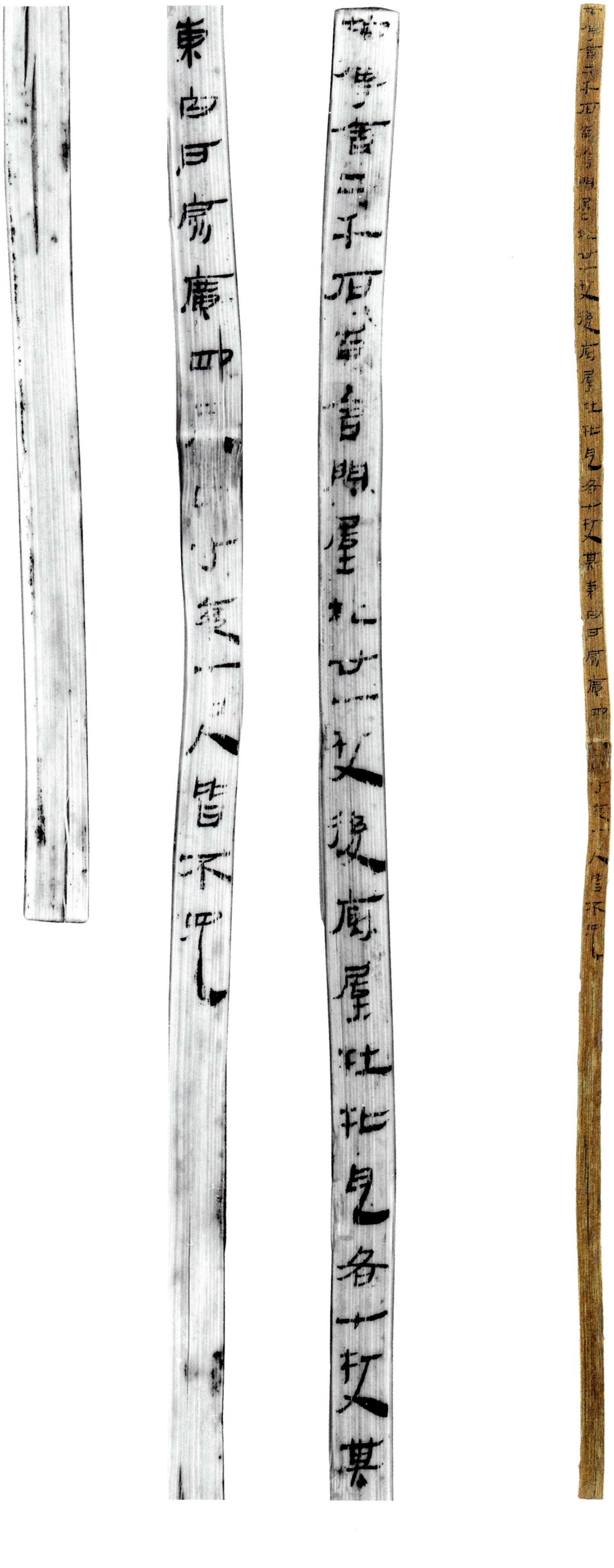

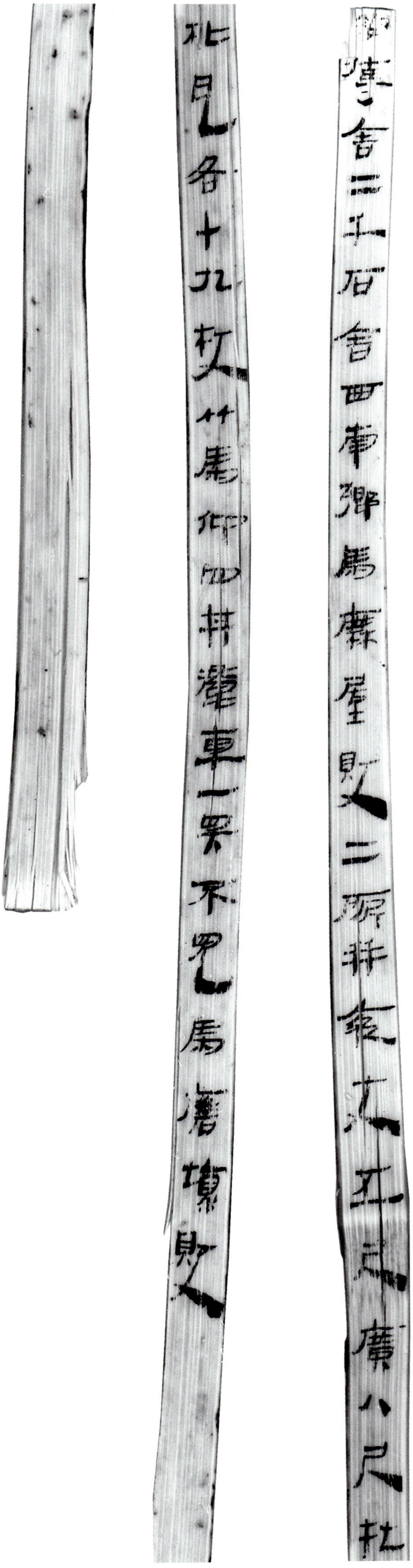

② 案傳舍二千石舍西南鄉馬廡屋敗二所并袤丈五尺廣八尺牡牝瓦各十九枚竹馬仰四井鹿車一具不見馬磨壞敗

0021 縮放

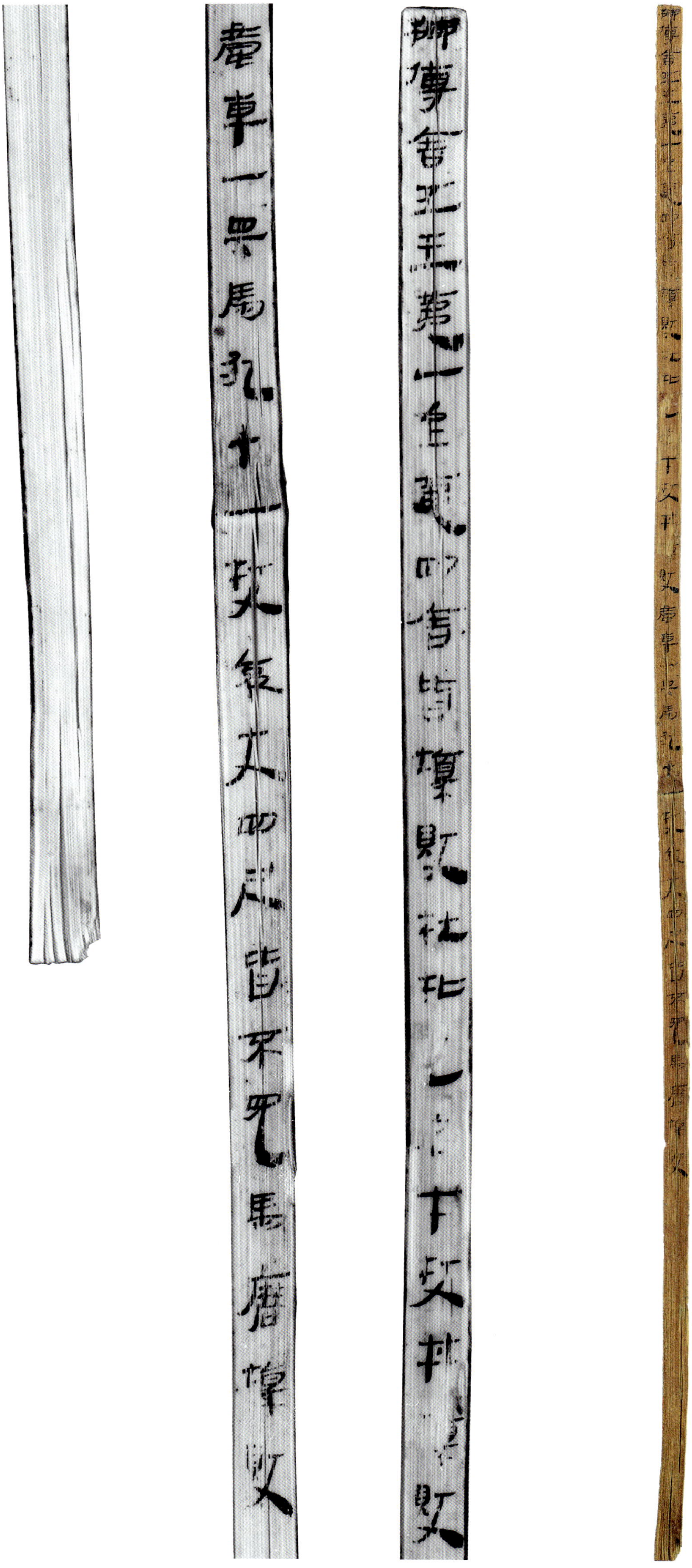

❸

案傳舍五王第一至第四舍皆壞敗牡牝□□七十枚井□敗鹿車一具馬犯十一枚衺丈四尺皆不見馬磨壞敗

0026 縮放

4

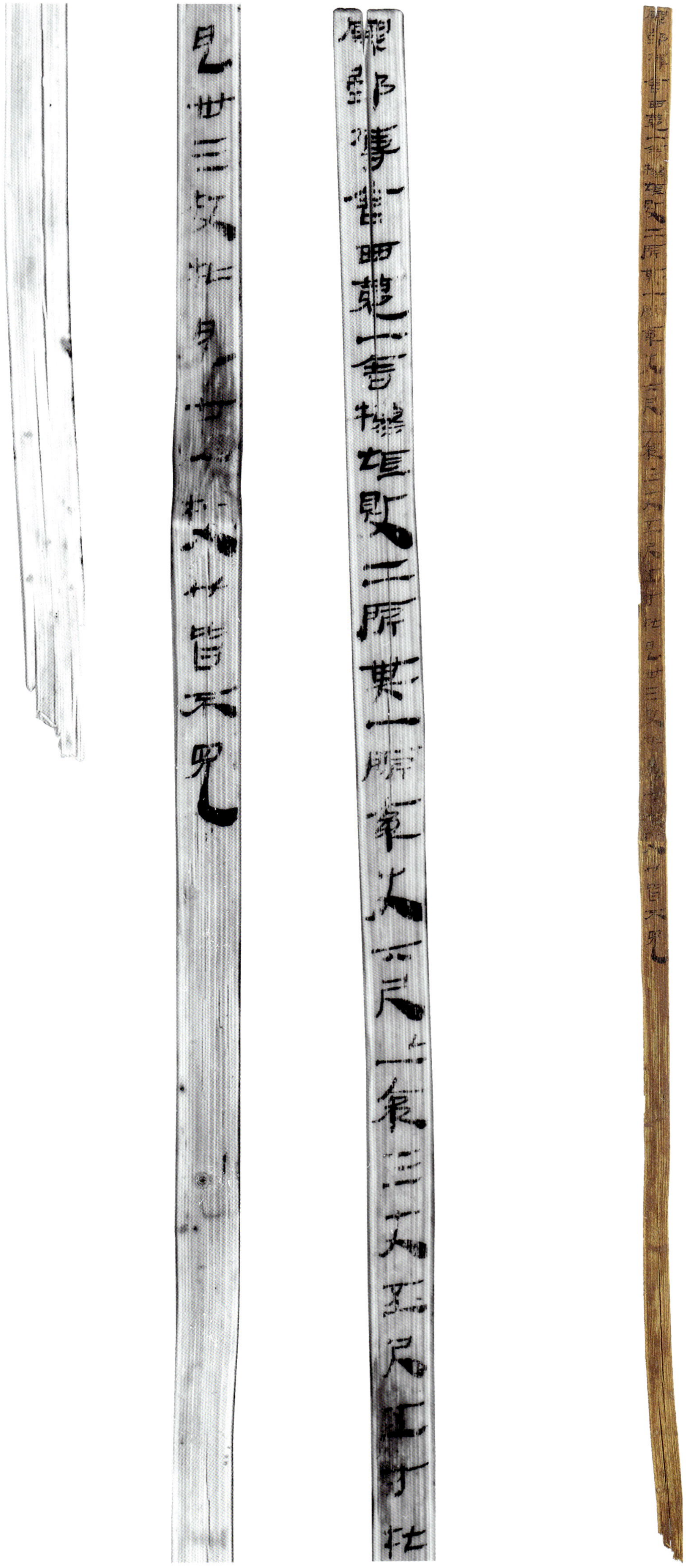

案邸傳舍西第一舍櫄垣敗二所其一所袤丈六尺ㄴ一袤三丈五尺五寸牡瓦卅三枚牝瓦廿一枚竹皆不見

0030 縮放

5

案邸傳舍西第二舍大屋牡瓦十枚牝瓦三櫄垣一敗一所袤四丈四尺牡瓦十五枚牝瓦十枚竹臥内户扇一井鹿車一具皆不見

0027 縮放

❻ 案邸傳舍西第三舍大屋牡瓦六枚牝瓦五枚櫄垣敗一所袤三丈五尺牡瓦廿五枚牝瓦四枚竹臥内柎上冠皆不見

0029 縮放

7

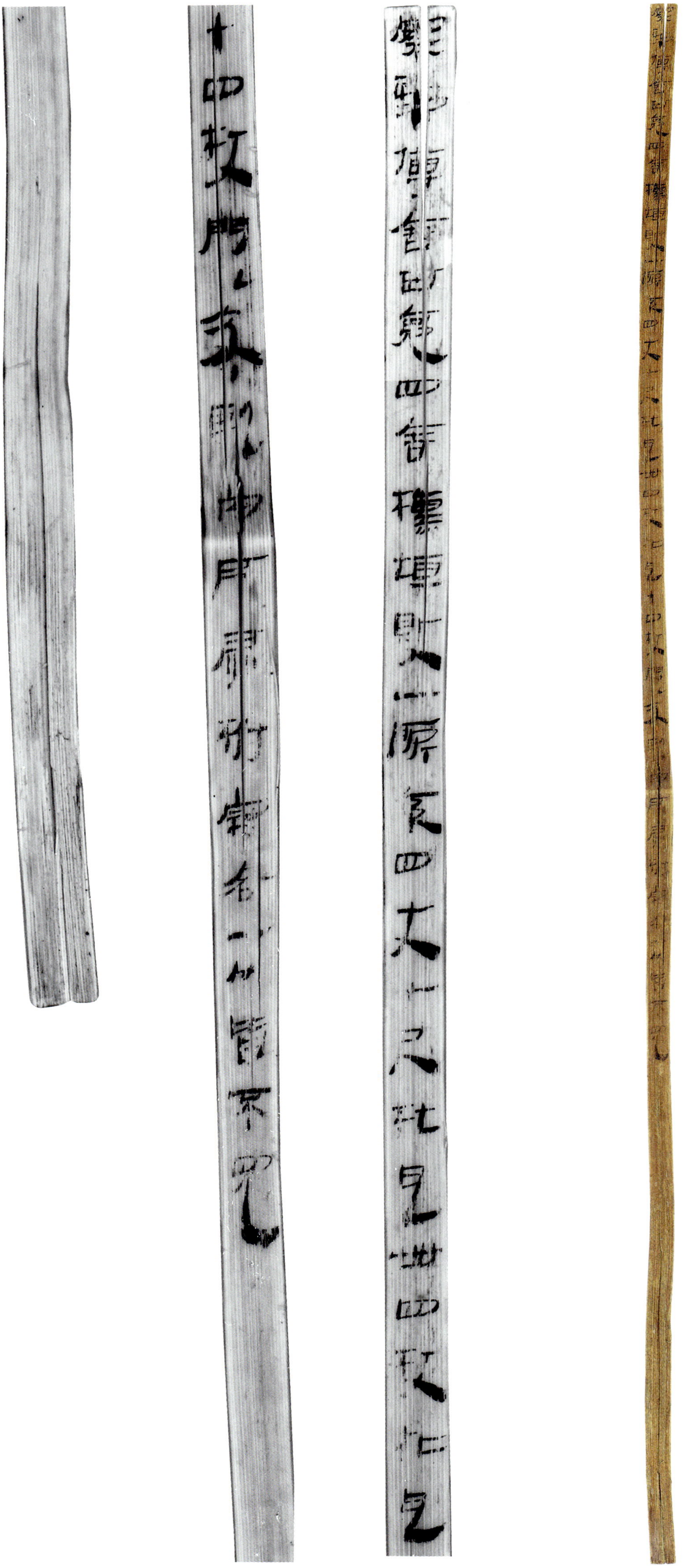

案邸傳舍西第四舍櫄垣敗一所袤四丈七尺牡瓦卌四枚牝瓦十四枚門∟及臥内户扇柎冠各一竹皆不見

0023 縮放

8

案傳舍西鄉中櫄垣門敗衺十一丈牡牝各二百七十二枚皆毀敗竹不見

0028

縮放

9

牒書傳舍屋櫨垣壞敗門内户扇瓦竹不見者十三牒吏主者不智數遁行稍繕治使壞敗物不見毋辯護不勝任
五年七月癸卯朔癸巳令史援劾敢言之謹案佐它主它郵佐前以詔遣故長沙軍司馬貰死烝陽敬寫移謁移郵以律令從事敢

0079 縮放

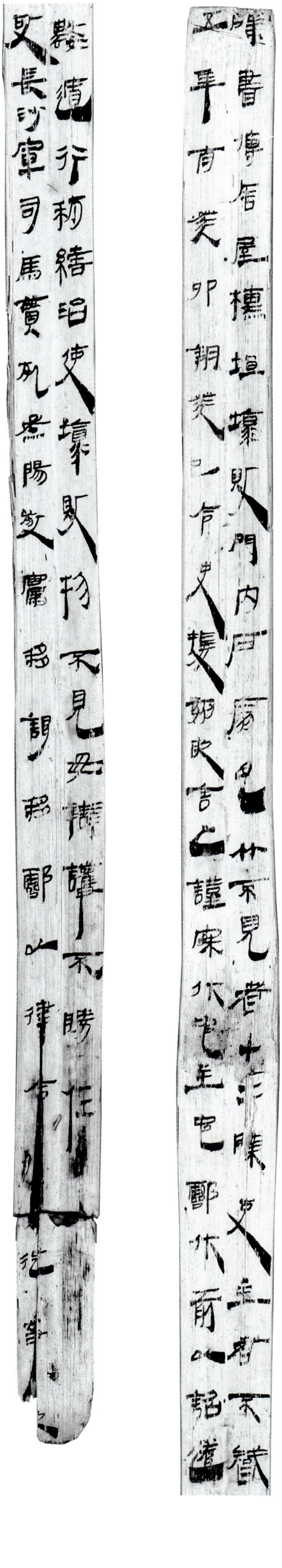

10

言之／令史援

十月癸巳長沙邸長萮移酃／令史援／二月丙午長沙邸萮敢告酃主謹寫重敢告主／令史援・酃第廿九

0015 縮放

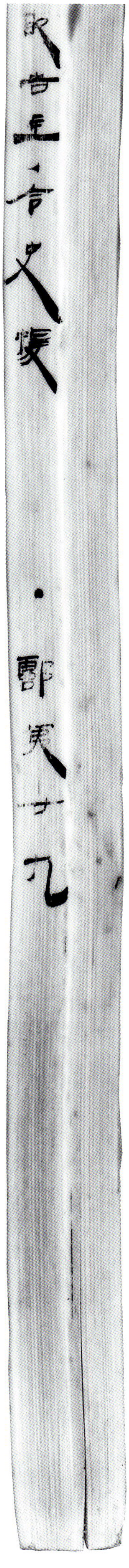

不知何人盜當時等衣物案（⑪～⑯）

⑪

□年七月癸亥朔辛卯□鄉嗇夫拾敢言之獄書曰六月癸丑

夜不智何人盜盜外宛士五□□越葸單衣宛男子不淮 0439+0137+0145

12

銅鈁闒仲孺絣襌衣各一亡□到求捕亡滿卅日不得報今謹

求捕不智何人亡滿卅日不得□言之 0217

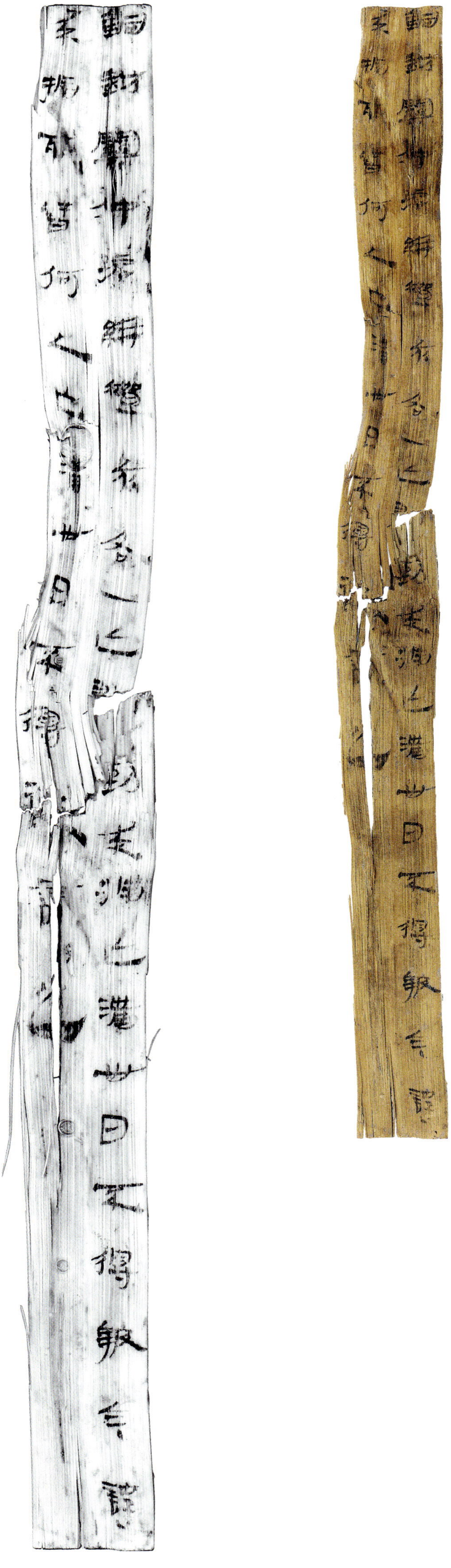

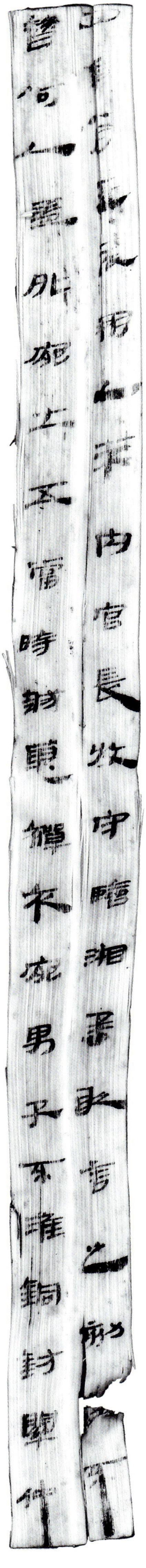

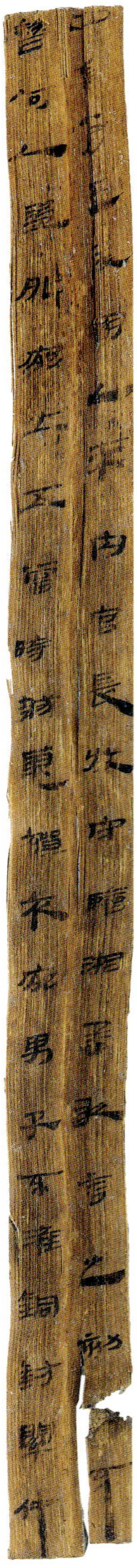

⑬

四年八月壬辰朔乙未内官長收守臨湘丞敢言之劾曰不

智何人盜外宛士五當時越蒠襌衣宛男子不淮銅鈁闖仲 0256

14

孺絣縪衣各一辟問不智何人亡滿卅日不得臧平賈并直錢

三千六百卅佐誤直它若劾駕論□□智何人髡鉗笞□□

0657+1555

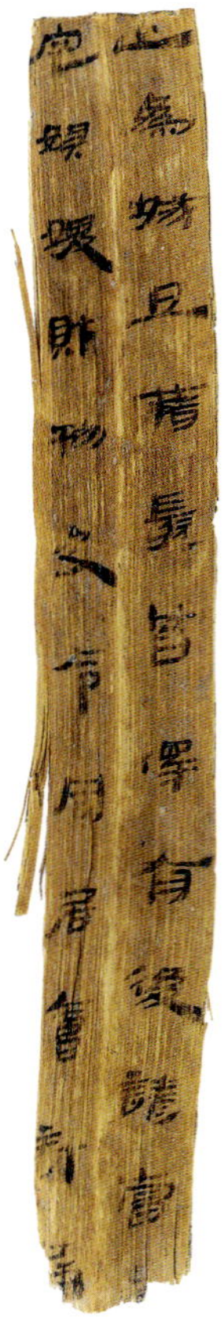

15

止爲城旦籍髡笞得有後請當□☐

宅奴婢財物及令同居會計□☐ 0365

16

當更論臧見與當時等靡賣田宅奴婢財物及令同居會計備償
書到皆令備盜賊吏徒來捕以得爲故得以律令從事弗得 0532

定邑令史辛與佐齒監臨主守盜縣官錢案（⑰～⑲）

⑰

關長若丞前辛齒亡臨溈界中已遣佐徒求捕未得將移辰陽令官與雜捕齒致若書敢言之 0556

18

九年正月丙申朔辛酉鐵官長齊守臨湘令丞忠敢告定邑主定邑令史辛與行事長南山長行佐鹵皆坐劾監臨主守縣官錢盜之 0557

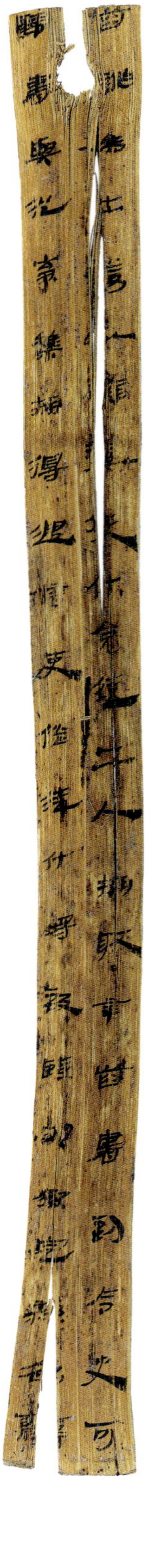

19

齒詐爲出券以辟盜使佐充徒二人捕取辛齒書到令史可

聽書與從事雜捕得遺信吏徒徒佐將致臨湘獄定縣名爵

0545

⑳

七年三月丁丑朔癸未□□兖國敢言之獄書曰不智何人非從火時擅
從火烶燔梅材芰草書到益關吏徒求捕亡滿卅日不得報今 0194

21

謹求捕不智何人非從火時擅從火者亡滿卅日不得謁報敢言之 0192

22

七年三月丁丑朔癸未□湘令寅謂南鄉告尉

別治長賴醴陵敢告壽陵西山主不智何人非縱

0176

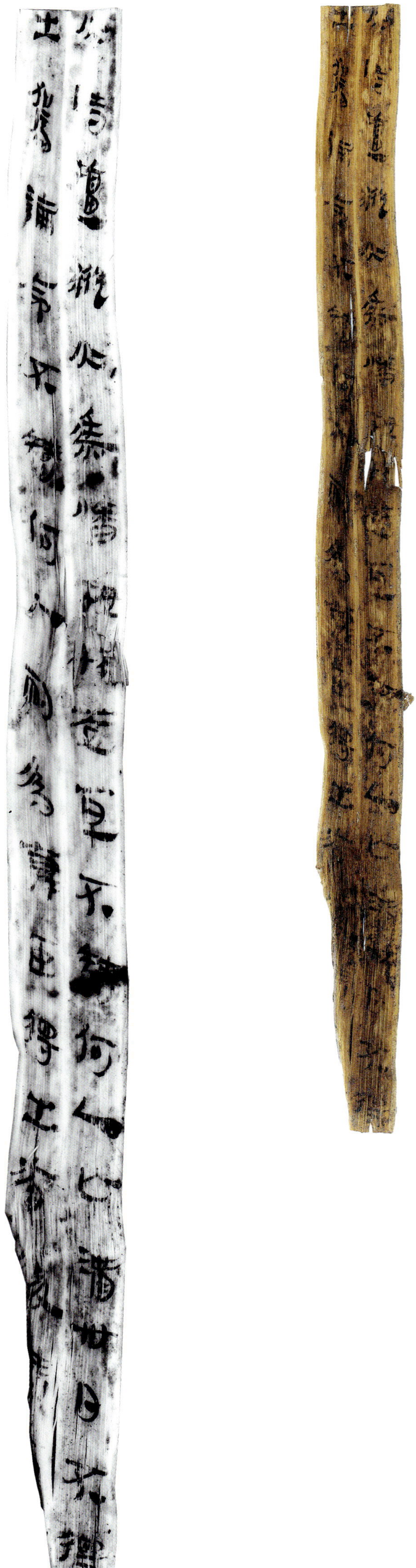

㉓

火時擅縱火烶燔□□茭草不智何人亡滿卅日不得

出駕論命不智何人耐爲隸臣得出有□□□□ 0181

男子贏等木毆高成娗年獄案（24～25）

24

☐曰大夫臨湘高成里爲定廟覺子八月丁未奉祠☐

☐等廿人沽酒飲可有頃皆醉娗年與贏弟臨湘☐ 0158

25

⧄傅基=望=兄嬴次基望以木杖道旁盎歐烻=年=解去走

⧄嬴基望弗得即之相府門下亭長安所告 0195

都鄉七年墾田租簿案（26～27）

26

八年五月辛未朔壬申南山令史悳敢告臨湘令史男子戍自詣辤故不更別治長賴禝
里爲都鄉嗇夫主治七年貇田租簿不故不以實不亡臨湘以亡駕論命戍完爲 0795

27

・都鄉七年貇田租簿

貇田六十頃二畝租七百九十六石五斗七升半率畝斗三升奇十六石三斗一升半

・凡貇田六十頃二畝租七百九十六石五斗七升半

出田十三頃卌五畝半租百八十四石七斗臨湘蠻夷歸義民田不出租

出田二頃六十一畝半租卅三石八斗六升樂人嬰給事柱下以命令田不出租

・凡出田十六頃七畝租二百一十八石五斗六升

定入田卌三頃九十五畝租五百七十八石一斗半

提封四萬一千九百七十六頃七十畝百七十二步

其八百一十三頃卅九畝二百二步可貇不貇

四萬一千一百二頃六十八畝二百一十步群不可貇

0056 縮放

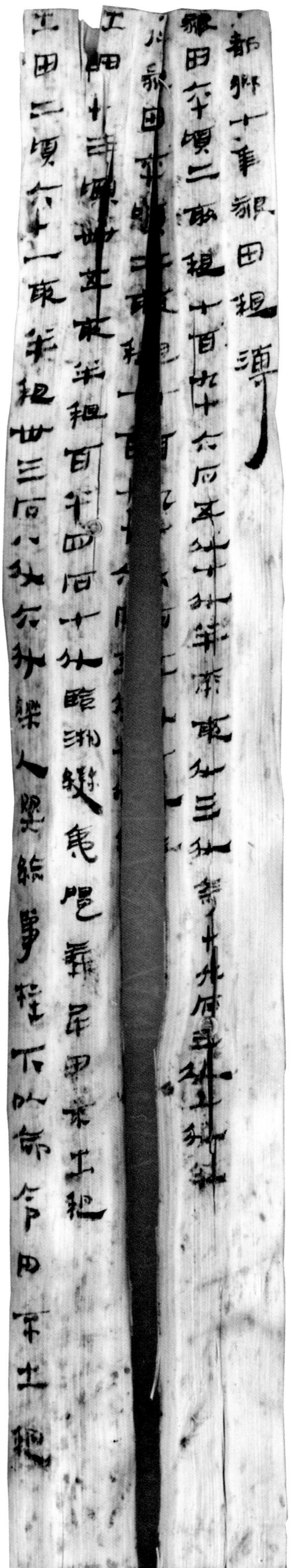

鐵官守長辰乞鞫案（28～30）

28

四年八月壬辰朔戊午內官長收守臨湘丞敢言之府移劾
曰八月乙卯命令鐵官以租錢就牛車爲宮人載稾 0324

29

租錢就牛車三乘爲宮人載稾時守長辰在不

以其名爲書蜀下西市不解得論免征罰金□

0332

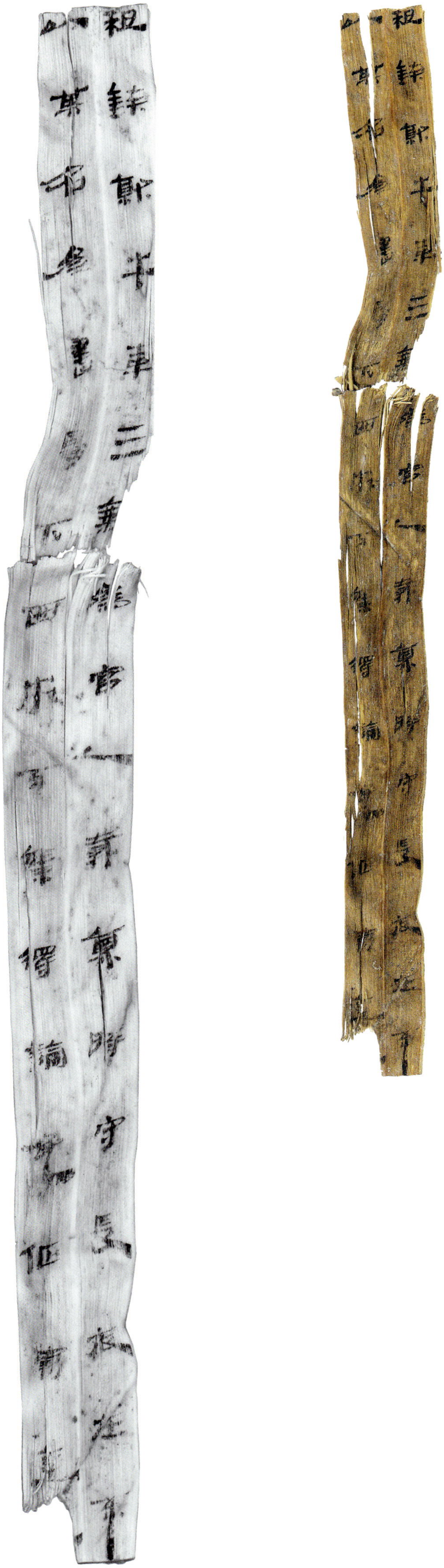

30

以名爲書可問驗育言若佂證它若劾論免佂

罰金一斤毋得宦爲吏并上第錄敢言之·令越病 0245

便移五年計書誤案（31～34）

31

五年九月丙辰朔壬申都鄉勝敢言之獄移劾曰便移五年計
餘口四千二百廿七案閱實四千二百七十四其卌九口計後 0085

32

受多其實二人長以下爲書誤事不可行定主者名爵里
它坐遣謹案長路人丞非子令史訢嗇夫勝佐快主路人 0090

33

擇餘口皆公乘路人臨湘樂成里非子郴畸里訢快官大夫勝

□□訢勝便都里快昌里路人前徵快上五年户計左内 0346

34

五年九月丙辰朔甲戌便丞非子敢告臨湘丞主案贖罪以
下寫劾辟報爰書移書到令史可論路人快言 0347

35

襄人自責得五桻船一㮴士五定所當米八斗腸七十五斤士五強秦曆僕各廿五斤令安居士五周乘船=未到襄人不得受定船去=後周船到搞有令臨中臾☐

是下船屬襄=人=在所後長始問搞=以所責得船腸對曰已予襄=人=不與搞券書令問強=是=不以船屬襄=人=不受船=在強是所搞所以予襄人腸☐ 0077 縮放

36

五年七月丁卯具獄亭長庚爰書以襄人辤召共皮先以證律辨告乃訊辤曰士五無陽共里與同產小男共來同居迺二月中不識日啻□□□□□共來

四年賓共皮爲予襄人賜十五斤當米石五斗襄人與分券=受賜當米如它如辤證之 0010 縮放

37

⧄卯具獄亭長庚以襄人辤召於鐵先以證律辨告乃訊辤曰士五無陽皇里與共里大女妹子方風小女容異籍同居嗇夫襄人責於鐵方風容往四年所

⧄出賓方風以米石四斗予襄人爲母妹入賓於鐵予襄人米石爲容入賓凡二石四斗襄人未受券書不智方風容已受券智方風容不告於鐵後相史

0011 縮放

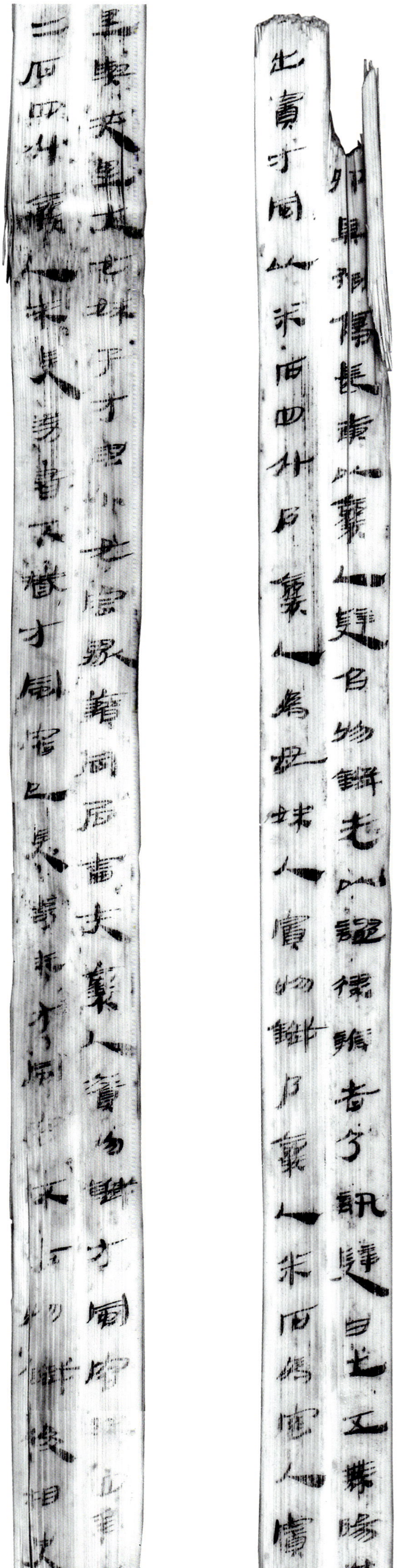

38

無陽長問於鐵於鐵與方風別居不得見問方風以爲毋券對曰襄人斂於鐵家賓弗券書方風可問驗它如辤證之

0171+0012 縮放

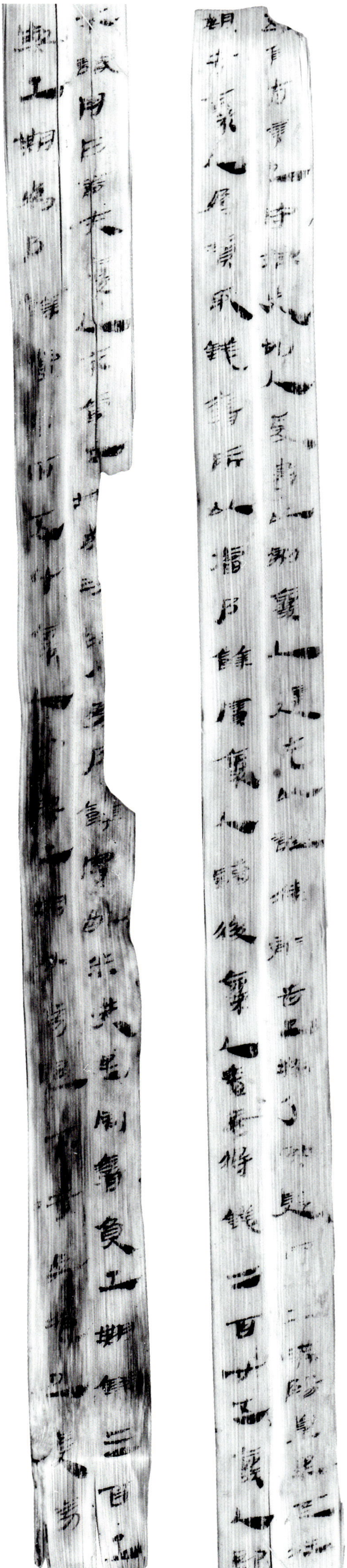

39

五年七月辛巳守獄史胡人爰書以劾襄人辤先以證律辨告工期乃訊辤□□無陽皇里迺往不識月日嗇夫襄人取賨工□□□□□□餘賨毋米共里周嗇負工
期錢三百工
期告襄人爲賨取錢嗇所以當予餘賨襄人錢後襄人責嗇得錢二百廿五襄人即與工期爲予餘當米石五斗襄人即與工期分券歸不告母地已受券

0008 縮放

40

後相史無陽長來問母地時工期不在家母地不智工期已受券對曰子工期令襄人責奢錢三百當賓未受券工期實不予襄人錢三百它如辭證之 0007 縮放

41

□史胡人爰書以襄人搞辤證律告麛強秦僕麛強秦僕皆不能楚言即以襄人搞辤證不言請擇訊人出入罪人律出擇共里不更當令訊麛僕強秦當曰強秦麛僕

☐……□□□□輕半士五共搞來言曰爲脽夷主襄人收賨麛僕強秦予搞腸各廿五斤不智當米數搞去後不識日強秦麛僕之田到棲溪涌見一吏☐

0003 縮放

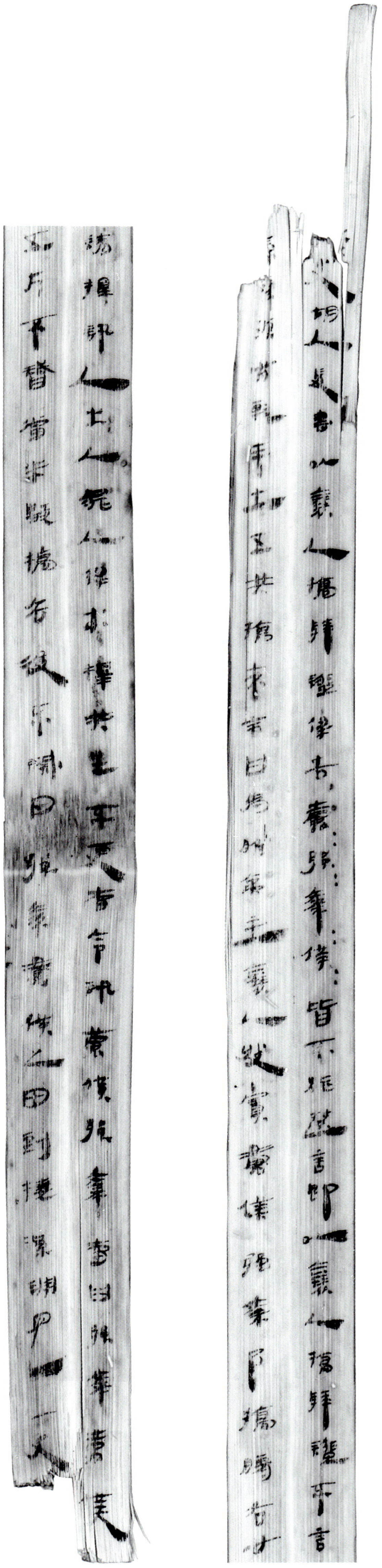

42

五年九月□□朔辛酉無陽長始令史巴人行丞事敢告臨湘主案贖罪以下寫劾辟爰書移書到令史可論倚言夬屬所長沙內史府如律令敢言之 0121

臨湘令史乘之回避逗留案（43～59）

43

使之方來須臾女子來詔曰此女子是亡者乘之即問女子曰亡者□已告

□女子對曰亡者未告乘之即將到臨湘廷屬南鄉嗇夫壬備盜賊令史多 0414

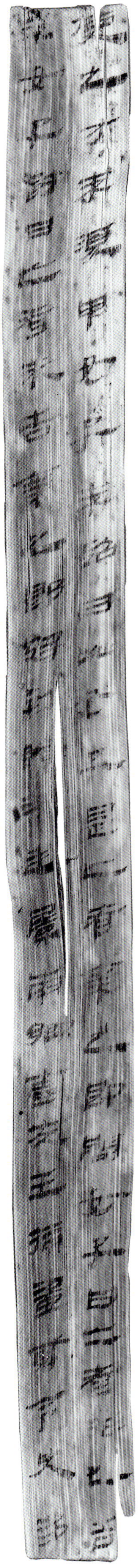

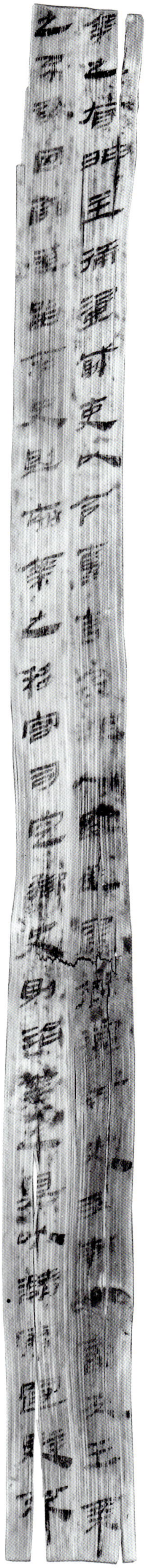

44

乘之有非主備盜賊吏以令壽言召理人致廷屬備盜令史多南□嗇夫壬乘

之不敢回辟逗留卒史則劾乘之移宮司空獄史則治乘之具以請實置辤不

0401

45

回辟逗留則多寰詣答乘之度弗能勝自誣順劾服論則與長寰丞祒鞫其獄論耐乘

之爲司寇自以罪不當气鞫所二千石復治覆獄宮司空獄史醜人治乘之辤不 0186

46

逗留醜人弗聽晝夜訊治乘之其恐服論乘之自誣應前獻辤气鞫不審醜人與

長詔丞佽鞫其獄駕論耐乘之爲隸臣欲復气鞫弗聽即去亡欲之□縣治後請 0405

47

鞫其獄駕論命乘之髡鉗爲城旦乘之實不回辟逗留毋司寇隸臣鬼新命□☐
鉗城旦會赦以令作二歲罪令壽令史多嗇夫壬皆可問以驗乘之言卒史則☐
0409

48

守長褱丞俠詔獄史獻則尊監黝捲醜人鞫其獄其獄皆不審·壽曰故爲臨湘令迺
元年六月辛丑夜南山長始使人告壽曰前未伏一日橘州中有亡者今人在宮司 0395

49

空壽即令亭長朝召令史乘之令往問已告未將人來疾環乘之須臾環對所召亡者

臨湘邸里大女理人在廷未告已以屬備盜賊令史多南鄉嗇夫壬時理人未告☐遣乘

0185

50

之追若乘之言證之壬曰故爲南鄉嗇夫迺元年六月辛丑夜令壽召壬告曰
橘州中有亡者人在宮司空新使令史乘之往召之亡者來薄問受告壬曰諾 0408

51

須臾乘之來以所召亡者□□□□大女理人屬壬□備盜賊令史多乘之即對令壽壬與多受告若乘之言·多曰故監葆嗇夫守令史備盜賊迺元年 0190

52

六月辛丑夜令壽召多告曰橘州中有亡□人在

宮司空□使令　0352

53

獻鞫論耐乘之爲司寇・今乘之辤後司寇有它解證案不當論寰與
丞俠獄史則獻鞫其獄誠不審失司寇罪毋它=若乘之證之 0661

54

人來言曰迺前未伏一日橘州中有亡者其人在宮司空不識其何界壽

即令亭長朝召令史乘之令往問在臨湘界南山界其人已告未=告將其 0536

55

治街亭六月辛丑夜人定有頃臨湘令壽使亭長朝召多令多侍令史乘之廷
中乘之將亡者來女子名理人屬多臨湘廷門外曰趣受亡者女子告方言君 0222

56

三年七月乙丑具獄史釘爰書召信訊先以證律辯告信乃以劾乘之辤訊
辤曰大夫臨湘令壽門下亭長迺元年六月辛丑夜人定有頃臨湘令壽召信 0399

57

三年七月丁卯具獄史釘爰書訊則以劾乘之辤辯告乃訊□曰臨沅莊里爲中

尉卒史案督盜賊廼元年六月辛丑夜昏有頃時不智何人四男子劫臨湘邸里 0406

58

大女理人取錢衣橘州中園舍去亡理人在宮司空告臨湘令史乘之以臨湘壽教召理人將理人之臨湘廷報令壽受告乃開吏徒追捕則㓥乘之以回辟逗 0397

59

八年四月辛丑朔丁酉尉史方河人爰書牛造里官大夫張乘之自言故爲臨湘令史前有論事已當復用若故官案已上及須決今毋決謁補下官缺吏除若律令 0416

臨湘吏言案行廷獄與治囚等事書案（60～64）

60

七年五月丙子朔癸巳守獄門臨湘安陽嗇夫辟閭敢言 2019
之壬辰盡其夜常宿食牢獄門諸主守囚吏卒不出（正）
嗇夫辟閭（背） 2019b

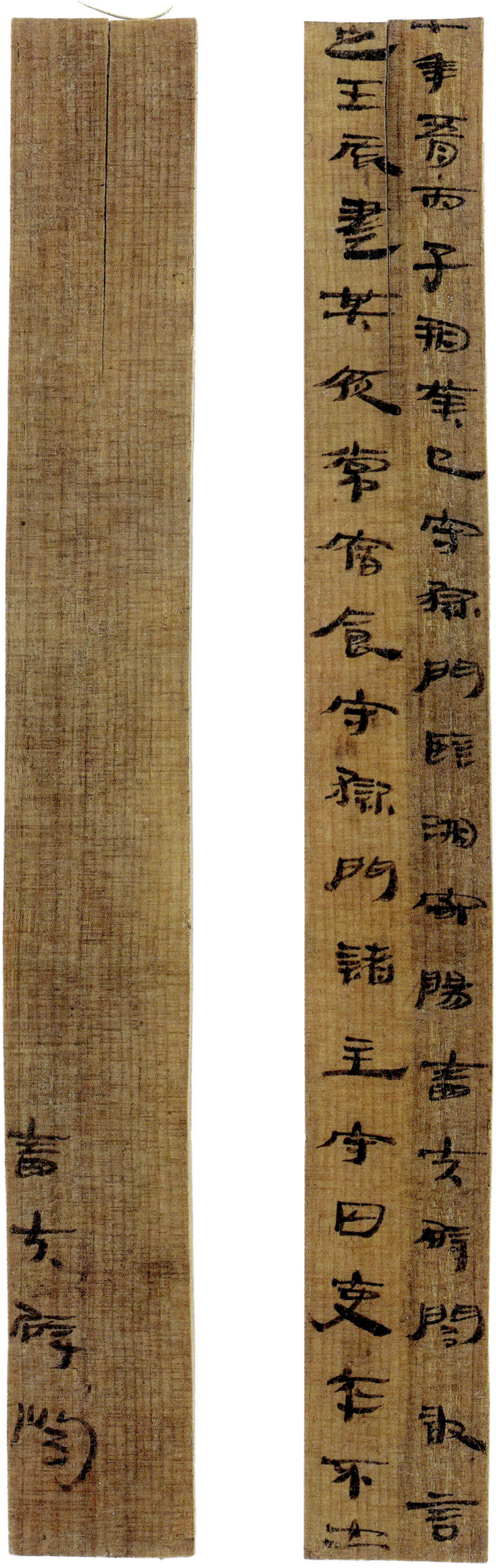

61

七年五月丙子朔甲午擴門佐到敢言之癸巳旦夕受囚陽餽陽
舍人營所即索餘食中毋毒藥兵刃書已索即以屬守獄門 0513

62

吳旦河人夕受囚餽獄門嗇夫辟閭所餽盛以具攘到獄索餘食中毋毒藥兵刃及竄書已乃予囚食囚復朧與俱囚轂及所當得應法不願遂亡自殺傷證不與囚相見毋 0772

63

□夕受囚餽廣門佐到所盛以具檢到廷中索餘食中毋毒藥兵刃竄書／以餽旦屬獄史吳夕屬河人辟不入獄非臨湘史毋入 0617

64

七年五月丙子朔丙申司空嗇夫禎敢言之乙未盡夜司空吏卒官屬及它吏卒毋入司空從擅來見獄中人爲囚通言語 0509

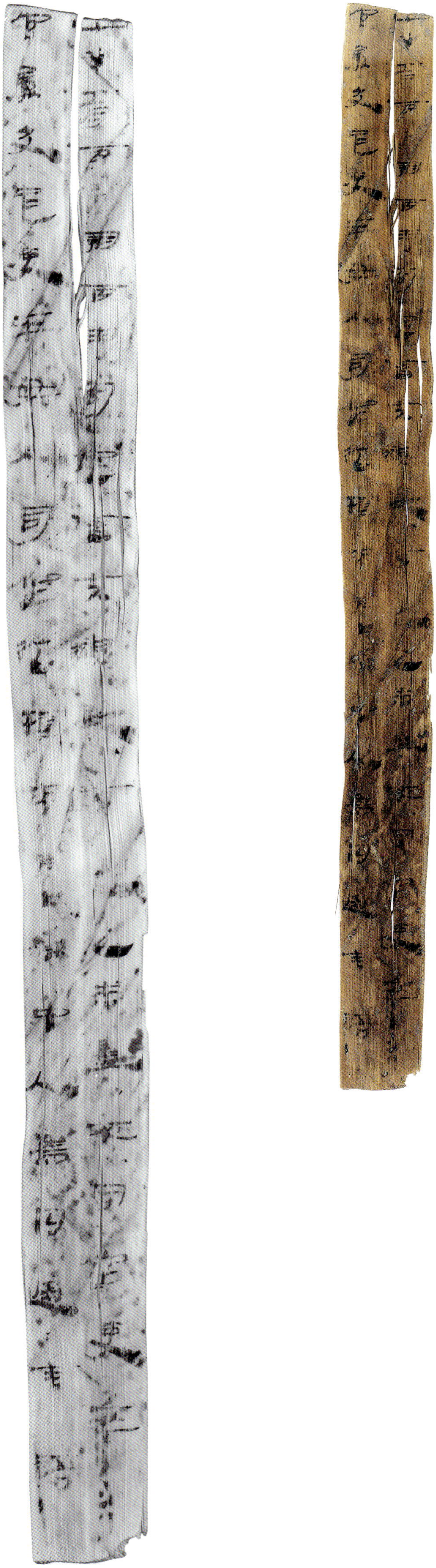

65

案將田義陵佐僮移連蔣上粟作箟券曰錢五千七百八十一絣繒四匹一丈九尺二寸直錢千九百七十一春草二匹一丈五尺七寸直錢千一百卌
九緹繒三丈五尺直錢四百五十五素繒五尺五寸直錢卌九

0037 縮放

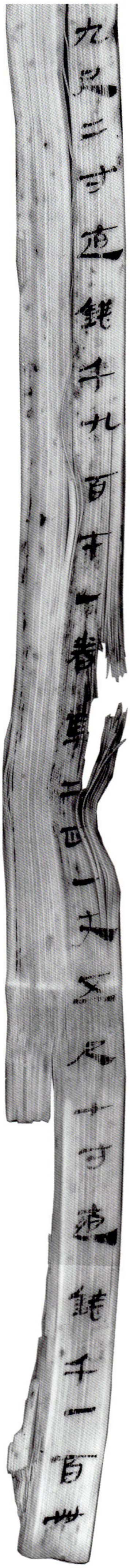

66

案將大農田官移賃庸出券〓三其一錢四千七百廿一素繒五尺五寸直錢卌九∟錢六百五十六∟一錢五千一百廿五絣繒四匹☑

直錢千九百七十一春草繒二匹二寸直千一百卌九緹繒三丈五尺直錢四百五十五・三年三月乙丑四月丙申丙午將田義陵佐僮沅陽佐☑

0081 縮放

67

陽安成里公乘伉充南陽公乘午所具庸擊禾爲米四百七十二石作盛粟笪三百六枚連粟爲米五百廿二石六斗積徒四百七十一人=日卅錢伉
庸長三月乙丑受錢萬五百 一 問庸人公乘野貍豹等皆未得錢伉受野等賃錢不予野等與令史葵守令史相敻正午共盜伉等賃不受繒僮 0078 縮放

68

四年五月甲子朔庚寅案事長沙相史駕武陵守卒史縱辰陽令史野劾
六月丙申案事長沙相史駕武陵守卒史縱移辰陽以律令從事言夬相府／相史駕卒史縱

0046 縮放

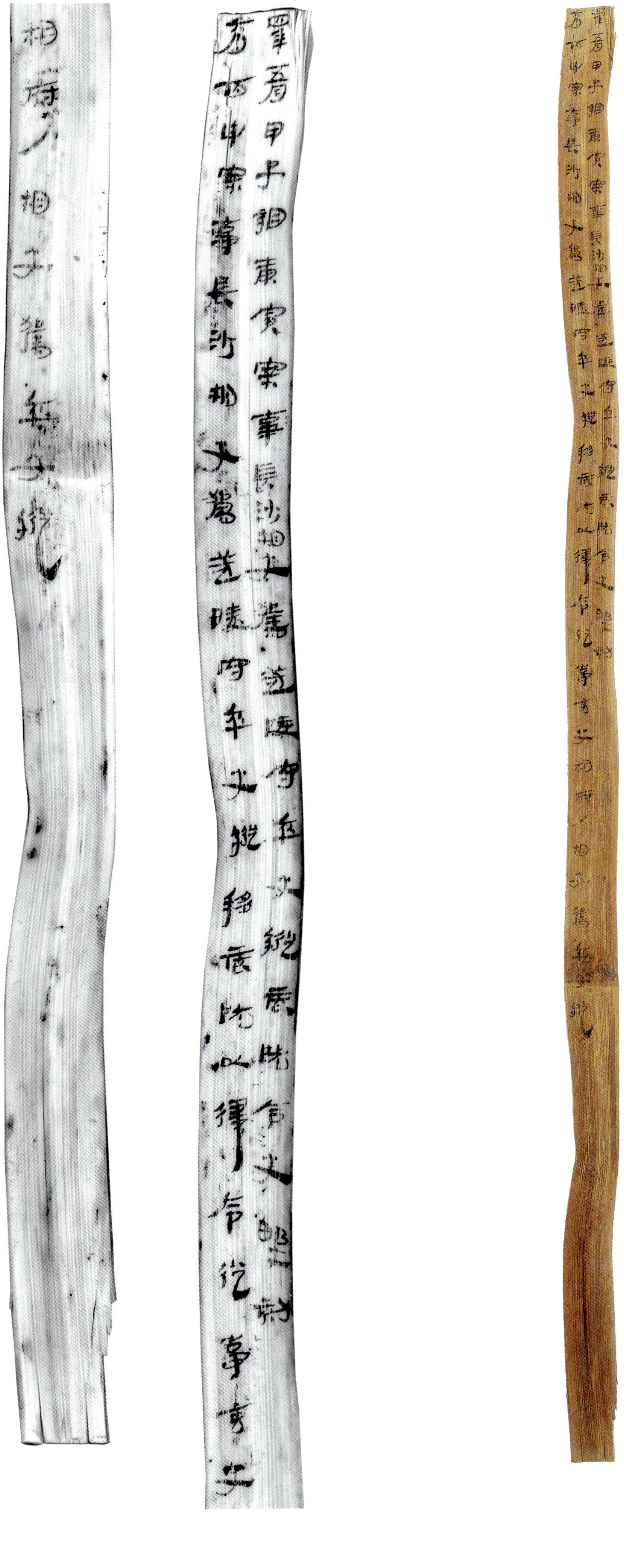

❻❾

五年二月己丑朔丁酉服捕命未得者尉史驕爰書命男子卯自詣辤曰故公大夫沅陽昌里爲沅陽倉佐均鐔成庫佐鐔成遣卯趣作倉役無

□□陵沅陽相史駕卒史縱劾卯以詐爲書辟負辟償臧六百以上移辰=陽=辟歸鐔=成=以=吏亡鞫論免卯削爵爲士五辰陽獄史光甲與丞邯 0040

縮放

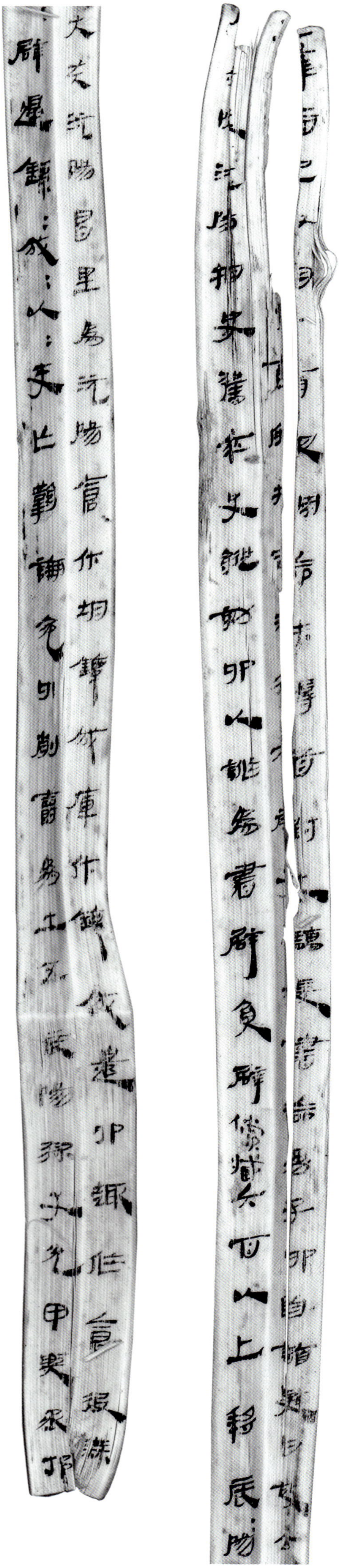

70

以劾鞫駕論命髡鉗笞百釱左止爲城旦監田守虜□□周令史劉劾卯三事其一事盗錢八千七百六十六乚一事粟廿□石乚一米四斗八升移無=陽=□

充與長始庫後行丞事鞫駕論命卯髡鉗笞百釱左止爲城旦實不敢詐爲書辟負償不盗錢粟有後請今來自出治後請 0013 縮放

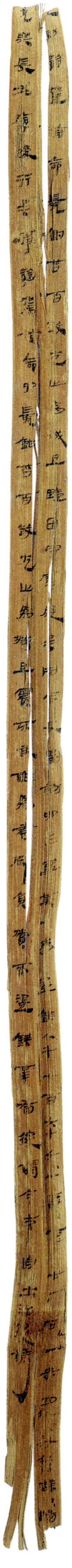

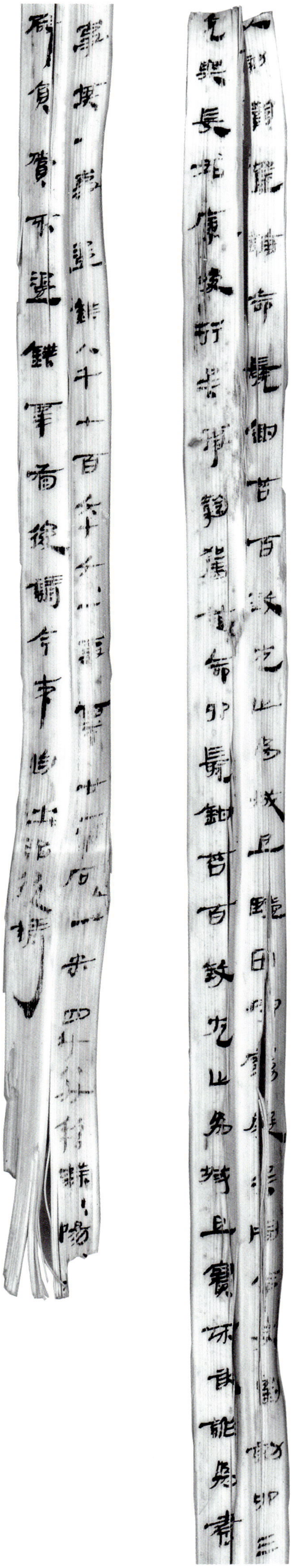

71

二月丁酉服捕命未得者尉史驕敢言之謹移令求盜卯將致謁以律令從事敢言之／尉史驕

0038 縮放

長沙臨湘少內禁錢計計誤案（72～80）

72

元年五月丙子朔乙丑右倉昌敢言之廷下長沙內史臨湘書曰遣令史農夫是丞相六年計楝絡

長一牒六年長沙臨湘少內禁錢計付大倉右倉禾稼計茹卯 一石受二石合青笥二合韋橐 0503

73

七年七月乙亥朔庚寅少内佐堅敢言之廷移丞相計
校繆短二牒其一曰六年長沙□湘少内禁錢計 0334

74

湘少内禁錢計付大醫左府乘與藥計茹卵十三
斤受廿三斤象骨 一斤受二斤縑織 一衺二丈二 0130

75

五年四月戊子朔戊子少内佐誤敢言之謹使倚輸五年調茹一石及所以盛飭物并爲校券一謁大

倉令官定以物如校受長沙臨湘少内禁錢計=六年問計官名所上校二千石官爲報=臨湘 0504

76

上校長沙内史府敢言之・四月辛卯臨湘令城都水丞廣行丞事移大倉／令史賀

七月壬辰大倉章告右下真券受爲報如律令／令史中・第・□□前 0501

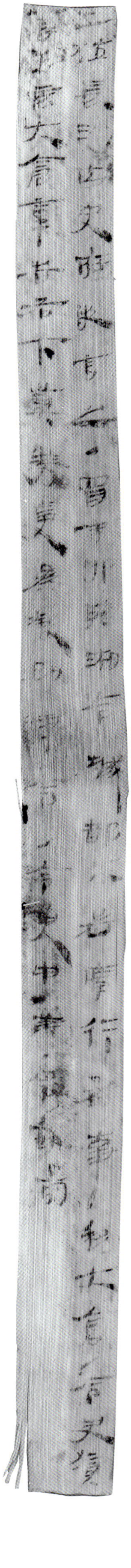

77

五年六月丁亥□□□右倉佐樂歲敢言之廷下長□臨湘少内謹使佐倚相奉輸六年調茹卵
一石及所以盛飭物并爲校券 一受爲報今受其茹卵 一石韋橐二枚聶廣各尺五寸袤四尺五寸 0506

78

府大醫令官□以物如校受長沙臨湘少內禁錢計六年問官名所上校
二千石官名爲報臨湘上校長沙內史府敢□之 0667

79

六年四月壬子朔乙卯少内佐監敢言之謹使令史農夫奉輸六年調茹卵一石大倉所以盛餝并爲校券

一謁關内史府移大倉令官定以物如校受長沙臨湘少内禁錢計六年問計官名所上校二 0187

80

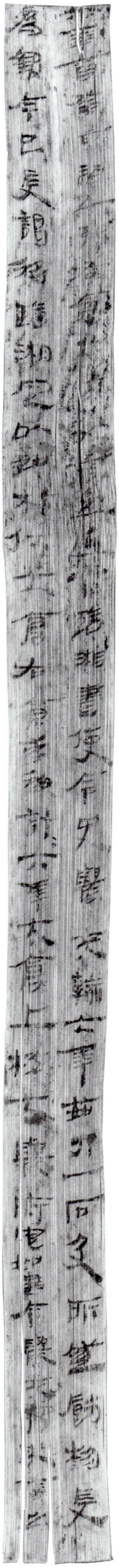

六年六月癸亥朔乙亥右倉佐□敢言之廷下臨湘書使令史農夫輸六年茹卵一石及所盛飭物受

爲報今已受謁移臨湘定以如校付大倉右倉禾稼計〓六年大倉上校大農府它如書令農夫校敢言之　0508

大女南坐負罰金案（81～83）

81

五年九月丙辰朔丁卯都鄉佐鼻敢言之廷移臨湘書曰北平大女南坐負罰金臨湘庫弗能入居逎四年六月中去亡捕得南辤五年五月中自出 0102

82

⧄蔡士所書到定名史里它坐有罪耐以上當請者非

⧄自出真爰書・謹案南名史里定毋它坐有罪耐以上不　0101

83

〼問蔡=士=曰五月中主治計下視官事不受南自出案南

〼書敬寫年籍□牒謁移臨湘以從事敢言之 0103

固等劫奪葉侯使者錢衣器案（84～86）

84

之佐固衣器今捕得定邑娷年里士五□午曰逎十二月
中與定邑男子唐固與劫奪枼侯使者今固有它 0522

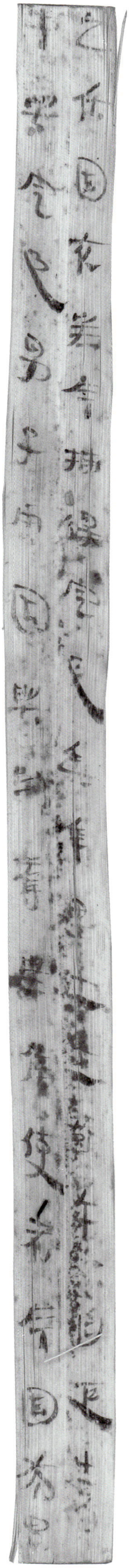

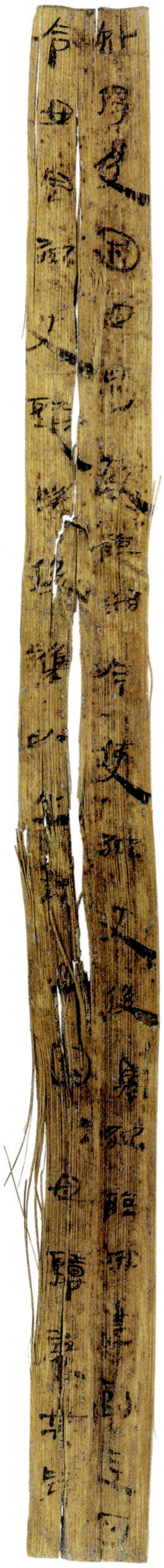

85

劾得及固=母皆毄臨湘令使獄史俊具獄臨湘書到主可

令毋害獄史聽與俊褋以□辤訊固=母聽展其辤 0516

86

劫奪桊侯使者錢衣器固得及固母皆毄□□今使獄史後具
獄□與訊以畀後今已訊以畀後固母毄定邑已□定邑□ 0279

87

鄉即亡相往邸之□□□吳人寸等皆曰諾其八月生一日夜可半時代人伯子嬰吳人寸等即俱去亡其八月生四日可晏食□

嬰吳人寸亡盧旁竹中伯子即之鄧車盧可須臾環邸代人嬰吳人寸等曰伯新往視田獨□□□已告□弗入代人嬰吳 2116 縮放

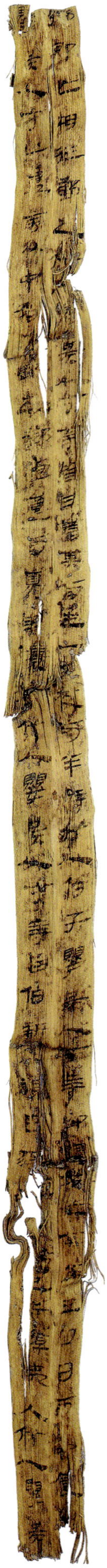

88

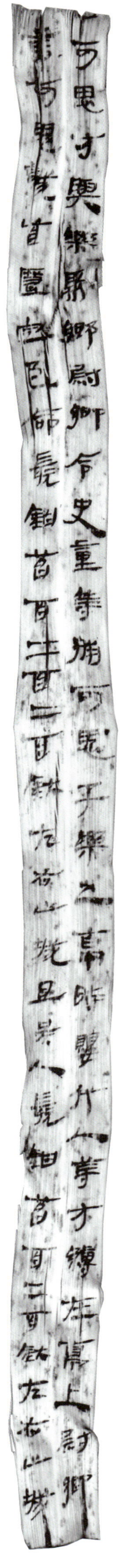

☑□可思方與樂聚鄉尉卿令史童等捕可思子樂之亭時嬰代人等方縛在亭上尉卿

☑言可思誠首匿定邑命髡鉗笞百二百二百鈦左右止城旦吳人髡鉗笞百二百鈦左右止城 2125

89

⧄□□臨湘上里爲孝文廟亭長□⧄

⧄里大女可=思=子小男樂田□⧄

0370

90

⧄□□□貌婢□□與同事者五人俱來邸婢=⧄

⧄□去不蜀止可思心□伯子不忍去癃諸伯子即□⧄ 0484

91

方位廷下代人嬰吳人寸等即拜與可思言曰有死罪生平未嘗得謁母今有☐

□□鄧車來代人伯子嬰吳人寸等即起拜與鄧車言鄧車謂伯子曰我前☐

0581

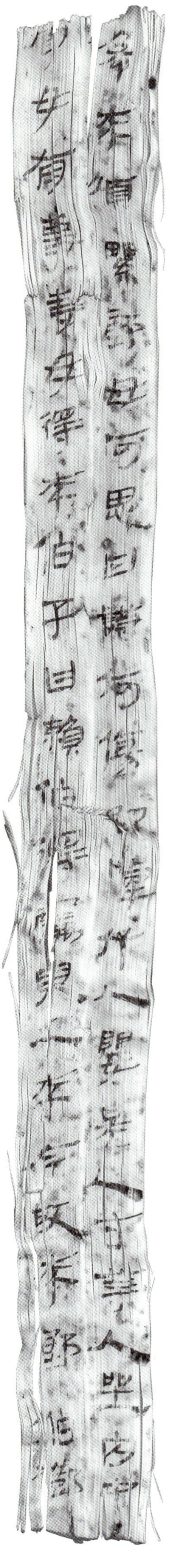

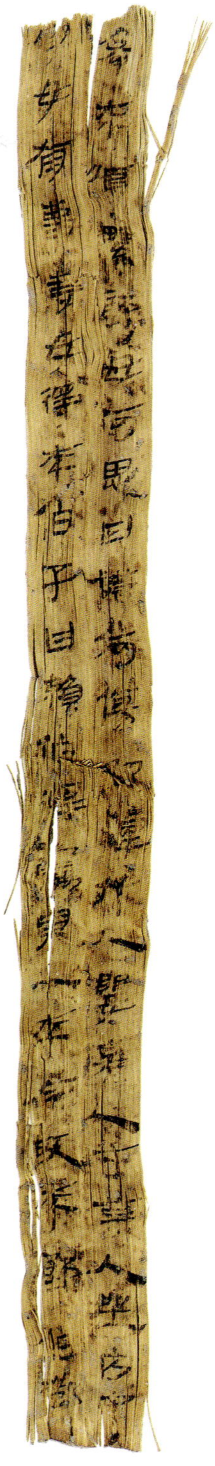

92

⧄急來煩累邸女可思曰諾何傷即唬代人嬰吳人寸等入坐內中

⧄□女有事言女得來伯子曰賴伯得屬見人來今故來邸伯鄧 0651

93

旲代人吴人寸等即環復之可思昑☐

寸吴人嬰伯子等人坐食已即臥留可☐

0475

令史兒等爲武擅解脱易桎案（94～106）

94

九年五月乙未朔丁未臨湘令堅長賴丞尊守丞告尉謂倉都

鄉敢告宮司空攸南陽將作定=王=后=營徒髡鉗城旦故大夫臨 0591

95

令人將致其聽書倉受入髡傳衣所當依服移校九年

癰獄計它以從事敢告主　0598

96

九年五月乙未朔丁未臨湘令堅長賴丞尊守丞告尉謂倉都鄉敢告宮

司空攸南陽將作定王=后=營徒髡鉗城旦故大夫臨湘泉陽里武完爲

0232

97

九年五月乙未朔丁未臨湘令堅長賴丞尊守丞告尉謂倉中鄉敢
告宮司空攸南陽將作定=王后=營徒髡鉗城旦故大夫臨湘泉陽
0525

98

里武完城旦徒故官大夫攸大里兒宮司空令史公乘攸臧郢

里外佐公乘南陽平陽里不識皆坐武故爲臨武丞盜所主守 0125

99

臧六百公士以上盜武殼宮司空獄請主殼令史兒=爲武擅解脱
易桎獄史外不識知武請兒聽武請爲武擅解脱易桎論完 0529

100

兒爲城旦不劾論武監臨見知縱故弗舉劾外不識公士以上得

毄□武兒外不識皆有它重罪坐復治駕論武笞百鈦左髡鉗□ 0299

101

□□識皆爲城旦籍髡笞得論行武兒外不識重罪如律令

□□主 0263

102

解脱易桎論完爲城旦不劾論武監臨見知縱故弗舉劾外不

識公士以上得轂牢駕論武笞百鈦止髡鉗兒外不識皆爲城旦籍髡 0519

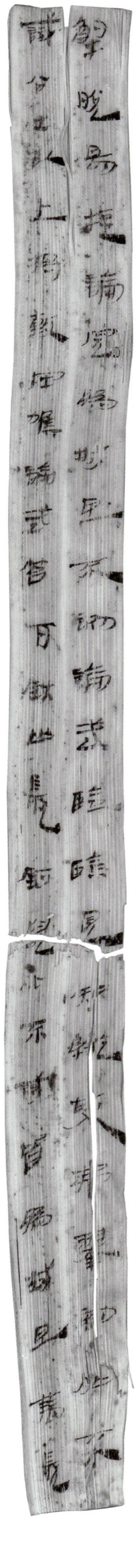

103

陽里武完城旦徒故官大夫攸大里兒宮司空令史公乘

南陽平里不識皆坐武故爲臨武丞監所主守臧六百 0798

104

公士以上盜武殼宮司空獄請主殼令史兒爲武擅解脱易桎外不識知武請兒聽武請爲武擅解脱易 0803

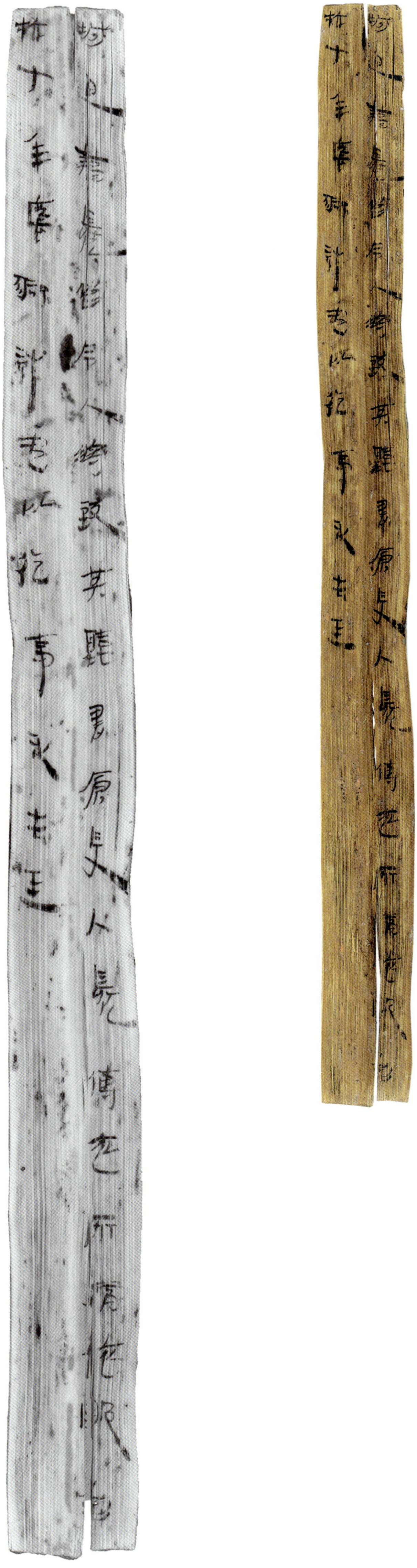

105

城旦籍髡笞令人將致其聽書倉受入髡傳衣所當依服移
校九年應獄計它以從事敢告主 0811

106

里武完城旦徒故官大夫攸大里兒宮司空令史公乘攸臧郢里
外佐公乘南陽平陽里不識皆武故爲臨武丞盜所主守臧六百公 0208

血妻、齊盜贓案（107～117）

107

一麻布六尺二寸芨妻一兩臧（贓）并直錢千三百廿八臧皆千錢以上得
縠牢駕論髡鉗血妻齊∟血妻笞一百二百鈦左右止□□□ 0119

108

衣一銅釾一不知何人米二石□□一棲臧并直錢萬三千八百九十血婁有

盜長賴令史吳銅釾一士五號廬麻單衣□□□□□百八十四 0339

109

節一雙嬰一兩臨湘大女合皂卑卑一麻布六尺二寸芰婁一兩

□并直錢千三百廿八臧皆千錢以上得穀牢駕論髡鉗 0402

110

九年二月丙寅朔甲申臨湘丞忠謂司空敢告宮司空南山
烝陽丞主宮司空髡鉗城旦徒血婁完城旦徒齊= 0547

111

故公乘烝陽羅里血妻士五南山成里皆坐盜鐵淯
各一亡未命共盜靖園高成里大夫昌錢二千麻布一　0595

112

匹緒複衣一□羅複被一青羅複函領一緒∟麻單衣各

二麻皂複衣二小車檢一合絲皂複袴一兩黃里瘳 0587

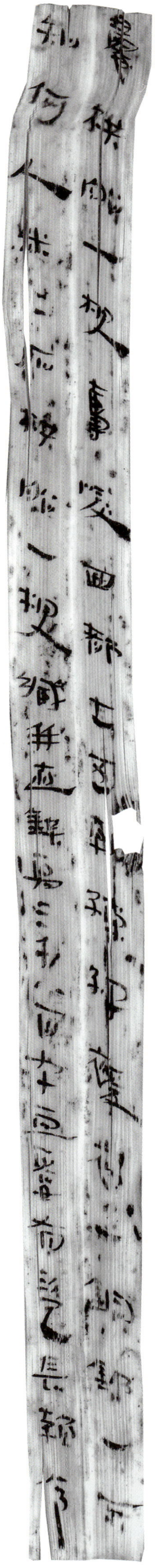

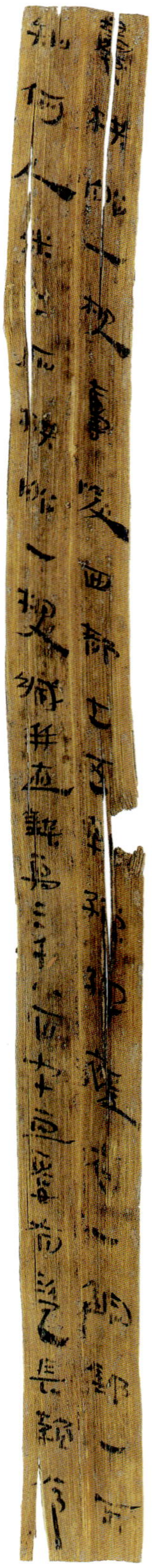

113

慶栱船一㮴壽陵西都士五朝練絲複衣一銅釪一不

知何人米二石栱船一㮴臧并直錢萬三千八百九十血妻有盜長賴令 0197

114

史吳銅釾一士五號盧麻單衣三米四斗錢百八十四節一
雙嬰一兩臨湘大女合皂卑一麻布六尺二寸苃婁一兩 0535

115

臧并直錢千三百廿八臧留千錢以上得毄牢駕論髡鉗

血婁齊=血婁笞 一百二百鈦左右止齊笞百鈦左止皆 0549

116

爲城旦籍髡笞其聽書司空受入髡傳依所當衣服移校九年應獄計除錄血妻齊所共盜昌錢八百 0596

117

卌一緒／麻單衣各一麻皂複衣二小車檢一合麼棋船一
艘不知何人米二石棋船一艘靡它皆見已以畀昌等 0588

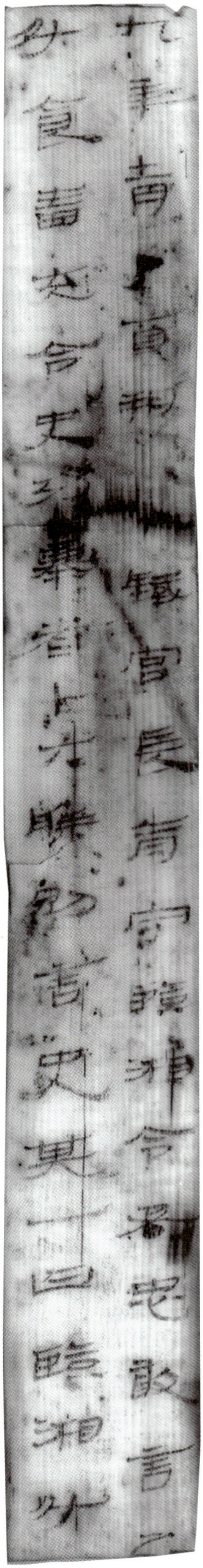

118

九年十一月丁酉朔□□鐵官長齊守臨湘令丞忠敢言之

斗食嗇夫令史功舉者十六牒别言夬其一曰臨湘斗 1805

119

八年後九月戊戌朔丙辰鐵官長齊守臨湘令丞忠敢言之府

移劾曰牒書七年斗食嗇夫令史功舉臨湘十六牒以律令從 1807

120

五年六月乙亥朔癸巳東鄉嗇夫嬰敢言之廷移臨湘書曰都里士五閭坐
去家過三百里不取傳定名里年姓它坐追識者報謹問士五姓陽氏名里定
未亡時毋它坐有罪不當請年廿三遣父大夫視識謁報臨湘敢之 1808

附錄　釋文

長沙邸傳舍壞敗弗舉劾案（❶～❿）

❶

長四四・七釐米　寬〇・七釐米

案傳舍二千石東舍門屋牝廿一枚后廁屋牡牝瓦各七枚其東
內户扇广四尺四寸袤七尺皆不見 0036

❷

長四四・六釐米　寬〇・七釐米

案傳舍二千石舍西南鄉馬廡屋敗二所并袤丈五尺廣八尺牡
牝瓦各十九枚竹馬仰四井鹿車一具不見馬磨壞敗 0021

❸

長四四・九釐米　寬〇・七釐米

案傳舍五王第一至第四舍皆壞敗牡牝□□七十枚井□敗鹿
車一具馬犯十一枚袤丈四尺皆不見馬磨壞敗 0026

❹

長四二・五釐米　寬〇・七釐米

案邸傳舍西第一舍櫄垣敗二所其一所袤丈六尺乚一袤三丈
五尺五寸牡瓦卅三枚牝瓦廿一枚竹皆不見 0030

❺

長四四・九釐米　寬〇・七釐米

案邸傳舍西第二舍大屋牡瓦十枚牝瓦三櫄垣一敗一所袤四
丈四尺牡瓦十五枚牝瓦十枚竹臥內户扇一井鹿車一具皆不
見 0027

❻

長四四・六釐米　寬〇・七釐米

案邸傳舍西第三舍大屋牡瓦六枚牝瓦五枚櫄垣敗一所袤三
丈五尺牡瓦廿五枚牝瓦四枚竹臥內柎上冠皆不見 0029

❼

長四五・一釐米　寬〇・七釐米

案邸傳舍西第四舍櫄垣敗一所袤四丈七尺牡瓦卌四枚牝瓦
十四枚門乚及臥內户扇柎冠各一竹皆不見 0023

❽

長四四・九釐米　寬〇・七釐米

案傳舍西鄉中櫄垣門敗袤十一丈牡牝各二百七十二枚皆毀
敗竹不見 0028

⑨

長四五釐米　寬一・五釐米

牒書傳舍屋櫄垣壞敗門内户扇瓦竹不見者十三牒吏主者不

智數遁行稍繕治使壞敗物不見毋辯護不勝任

五年七月癸卯朔癸巳令史援劾敢言之謹案佐它主它鄢佐前

以詔遣故長沙軍司馬貰死丞陽敬寫移謁移鄢以律令從事敢

0079

⑩

長四四・八釐米　寬一・六釐米

言之／令史援

十月癸巳長沙邸長萮移鄢／令史援／二月丙午長沙邸萮敢

告鄢主謹寫重敢告主／令史援・鄢第廿九　0015

不知何人盗當時等衣物案（⑪～⑯）

⑪

長二一・五釐米　寬一・六釐米

□年七月癸亥朔辛卯□鄉嗇夫拾敢言之獄書曰六月癸丑

夜不智何人盗盗外宛士五□□越蒠單衣宛男子不淮

0439+0137+0145

⑫

長二二釐米　寬一・六釐米

銅鈁闟仲繻絣禪衣各一亡□到求捕亡滿卅日不得報今謹

求捕不智何人亡滿卅日不得□言之　0217

⑬

長二二・一釐米　寬一・六釐米

四年八月壬辰朔乙未内官長收守臨湘丞敢言之劾曰不

智何人盗外宛士五當時越蒠禪衣宛男子不淮銅鈁闟仲　0256

⑭

長二一・九釐米　寬一・五釐米

繻絣禪衣各一辟問不智何人亡滿卅日不得臧平賈并直錢

三千六百卅佐誤直它若劾駕論□□智何人髡鉗笞□□

0657+1555

⑮

長一一釐米　寬一・四釐米

止爲城旦籍髡笞得有後請當□▨

宅奴婢財物及令同居會計□▨　0365

⑯ 長二一・五釐米　寬一・六釐米

當更論臧見與當時等靡賣田宅奴婢財物及令同居會計備償
書到皆令備盜賊吏徒來捕以得爲故得以律令從事弗得 0532

定邑令史辛與佐齒監臨主守盜縣官錢案（⑰～⑲）

⑰ 長二一・五釐米　寬一・五釐米

關長若丞前辛齒亡臨潙界中已遣佐徒求捕未得將
移辰陽令官與雜捕齒致若書敢言之 0556

⑱ 長二一・八釐米　寬一・四釐米

九年正月丙申朔辛酉鐵官長齊守臨湘令丞忠敢告定邑主定
邑令史
辛與行事長南山長行佐齒皆坐劾監臨主守縣官錢盜之 0557

⑲ 長二一・三釐米　寬一・四釐米

齒詐爲出券以辟盜使佐充徒二人捕取辛齒書到令史可
聽書與從事雜捕得遣信吏徒徒佐將致臨湘獄定縣名爵 0545

非縱火時擅縱火案（⑳～㉓）

⑳ 長二一・二釐米　寬一・六釐米

七年三月丁丑朔癸未□□充國敢言之獄書曰不智何人非從
火時擅
從火烶燔梅材芟草書到益關吏徒求捕亡滿卅日不得報
今 0194

㉑ 長二二釐米　寬一・七釐米

謹求捕不智何人非從火時擅從火者亡滿卅日不
得謁報敢言之 0192

㉒ 長二一・六釐米　寬一・五釐米

七年三月丁丑朔癸未□湘令寅謂南鄉告尉
別治長賴醴陵敢告壽陵西山主不智何人非縱 0176

㉓

長二一・五釐米　寬一・四釐米

火時擅縱火烶燔□□芠草不智何人亡滿卅日不得
出駕論命不智何人耐爲隸臣得出有□□□□　0181

男子贏等木毆高成烶年獄案（㉔～㉕）

㉔

長一七・八釐米　寬一・六釐米

☒曰大夫臨湘高成里爲定廟覺子八月丁未奉祠☒
☒等廿人沽酒飲可有頃皆醉烶年與贏弟臨湘☒　0158

㉕

長二三・五釐米　寬一・五釐米

☒傅基=望=兄贏次基望以木杖道旁盍毆烶=年=解去走
☒贏基望弗得即之相府門下亭長安所告　0195

都鄉七年墾田租簿案（㉖～㉗）

㉖

長二一・五釐米　寬一・五釐米

八年五月辛未朔壬申南山令史憙敢告臨湘令史男子戍自詣
辤故不更別治長賴裉
里爲都鄉嗇夫主治七年豤田租簿不故不以實不亡臨湘以亡
駕論命戍完爲　0795

㉗

長四二・二釐米　寬三・八釐米

・都鄉七年豤田租簿
豤田六十頃二畝租七百九十六石五斗七升半率畝斗三升奇
十六石三斗一升半
・凡豤田六十頃二畝租七百九十六石五斗七升半
出田十三頃卌五畝半租百八十四石七斗臨湘變夷歸義民田
不出租
出田二頃六十一畝半租卅三石八斗六升樂人嬰給事柱下以
命令田不出租
・凡出田十六頃七畝租二百一十八石五斗六升
定入田卌三頃九十五畝租五百七十八石一斗半
提封四萬一千九百七十六頃七十畝百七十二步
其八百一十三頃卅九畝二百二步可豤不豤
四萬一千一百二頃六十八畝二百一十步群不可豤　0056

鐵官守長辰乞鞫案（28～30）

㉘

長二一·八釐米　寬一·五釐米

四年八月壬辰朔戊午内官長收守臨湘丞敢言之府移劾

曰八月乙卯命令鐵官以租錢就牛車爲宫人載稾　0324

㉙

長二〇·八釐米　寬一·五釐米

租錢就牛車三乘爲宫人載稾時守長辰在不

以其名爲書蜀下西市不解得論免征罰金□　0332

㉚

長二一·五釐米　寬一·七釐米

以名爲書可問驗育言若征證它若劾論免征

罰金一斤毋得宦爲吏并上第録敢言之·令越病　0245

便移五年計書誤案（31～34）

㉛

長二二·一釐米　寬一·五釐米

五年九月丙辰朔壬申都鄉勝敢言之獄移劾曰便移五年計

餘口四千二百廿七案閲實四千二百七十四其卌九口計

後　0085

㉜

長一六·七釐米　寬〇·九釐米

受多其實二人長以下爲書誤事不可行定主者名爵里

它坐遣謹案長路人丞非子令史訢嗇夫勝佐快主路人　0090

㉝

長二一·五釐米　寬一·五釐米

擇餘口皆公乘路人臨湘樂成里非子郴畸里訢快官大夫勝

□□訢勝便都里快昌里路人前徵快上五年户計左内　0346

㉞

長二一·二釐米　寬一·五釐米

五年九月丙辰朔甲戌便丞非子敢告臨湘丞主案贖罪以

下寫劾辟報爰書移書到令史可論路人快言　0347

無陽鄉嗇夫襄人斂賨案（35～42）

㉟
長四三・八釐米　寬一・六釐米
襄人自責得五桻船一榑士五定所當米八斗腸七十五斤士五
強秦曆僕各廿五斤令安居士五周乘船=未到襄人不得受定船
去=後周船到搞有令臨中臾▨
是下船屬襄=人=在所後長始問搞=以所責得船腸對曰已予
襄=人=不與搞券書今問強=是=不以船屬襄=人=不受船=在
強是所搞所以予襄人腸▨ 0077

㊱
長四三・六釐米　寬一・八釐米
五年七月丁卯具獄亭長庚爰書以襄人辤召共皮先以證律辨
告乃訊辤曰士五無陽共里與同產小男共來同居迺二月中不
識日啬□□□□□共來
四年賓共皮爲予襄人腸十五斤當米石五斗襄人與分券=受腸
當米如它如辤證之 0010

㊲
長四三釐米　寬一・六釐米
▨卯具獄亭長庚以襄人辤召於鐵先以證律辨告乃訊辤曰士
五無陽皇里與共里大女妹子方風小女容異籍同居啬夫襄人
責於鐵方風容往四年所
▨出賓方風以米石四斗予襄人爲母妹入賓於鐵予襄人米石
爲容入賓凡二石四斗襄人未受券書不智方風容已受券智方
風容不告於鐵後相史 0011

㊳
長四・七釐米　寬〇・七釐米
長四二・五釐米　寬二・八釐米
無陽長問於鐵於鐵與方風別居不得見問方風以爲毋券對曰
襄人斂於鐵家賓弗券書方風可問驗它如辤證之 0171+0012

㊴
長四三釐米　寬一・五釐米
五年七月辛巳守獄史胡人爰書以劾襄人辤先以證律辨告
工期乃訊辤□□無陽皇里迺往不識月日啬夫襄人取賓工
□□□□□□餘賓毋米共里周奢負工期錢三百工
期告襄人爲賓取錢奢所以當予餘賓襄人錢後襄人責奢得錢
二百廿五襄人即與工期爲予餘當米石五斗襄人即與工期分
券歸不告母地已受券 0008

40

長四三・八釐米　寬一・六釐米

後相史無陽長來問母地時工期不在家母地不智工期已受券
對曰子工期令襄人責奢錢三百當賓未受券工期實不予襄人
錢三百它如
辤證之 0007

41

長四三・六釐米　寬一・七釐米

□史胡人爰書以襄人搞辤證律告礱強秦僕礱強秦僕皆不能
楚言即以襄人搞辤證不言請擇訊人出入罪人律出擇共里不
更當令訊礱僕強秦當曰強秦礱僕
▨……□□□□輕半士五共搞來言曰爲脽夷主襄人收賓礱
僕強秦予搞腸各廿五斤不智當米數搞去後不識日強秦礱僕
之田到棲溪涌見一吏▨ 0003

42

長二三・五釐米　寬三・五釐米

五年九月□□朔辛酉無陽長始令史巴人行丞事敢告臨湘主
案牘罪
以下寫劾辟爰書移書到令史可論倚言夬屬所長沙內
史府如律令敢言之 0121

臨湘令史乘之回避逗留案（43～59）

43

長二二・六釐米　寬一・六釐米

使之方來須臾女子來詔曰此女子是亡者乘之即問女子曰亡
者□已告
□女子對曰亡者未告乘之即將到臨湘廷屬南鄉嗇夫壬備盜
賊令史多 0414

44

長二一・七釐米　寬一・六釐米

乘之有非主備盜賊吏以令壽言召理人致廷屬備盜令史多南
□嗇夫壬乘
之不敢回辟逗留卒史則劾乘之移宮司空獄史則治乘之具以
請實置辤不 0401

45

長二〇・九釐米　寬一・五釐米

回辟逗留則多寰詣笞乘之度弗能勝自誣順劾服論則與長寰
丞祒鞫其獄論耐乘
之爲司寇自以罪不當气鞫所二千石復治覆獄宮司空獄史醜
人治乘之辤不 0186

46

長二一・三釐米　寬一・六釐米

逗留醜人弗聽晝夜訊治乘之其恐服論乘之自誣應前獻辤气
鞫不審醜人與
長䋻丞俠鞫其獄駕論耐乘之爲隸臣欲復气鞫弗聽即去亡欲
之□縣治後請　0405

47

長二一・七釐米　寬一・五釐米

鞫其獄駕論命乘之髡鉗爲城旦乘之實不回辟逗留毋司寇隸
臣鬼新命□▨
鉗城旦會赦以令作二歲罪令壽令史多嗇夫壬皆可問以驗乘
之言卒史則▨　0409

48

長二一・五釐米　寬一・五釐米

守長褱丞俠䋻獄史獻則尊監鬭捲醜人鞫其獄其獄皆不審・壽
曰故爲臨湘令迺
元年六月辛丑夜南山長始使人告壽曰前未伏一日橘州中有
亡者今人在宮司　0395

49

長二一・八釐米　寬一・四釐米

空壽即令亭長朝召令史乘之令往問已告未將人來疾環乘之
須臾環對所召亡者
臨湘邸里大女理人在廷未告已以屬備盜賊令史多南鄉嗇夫
壬時理人未告□遣乘　0185

50

長二二釐米　寬一・四釐米

之追若乘之言證之壬曰故爲南鄉嗇夫迺元年六月辛丑夜令
壽召壬告曰
橘州中有亡者人在宮司空新使令史乘之往召之亡者來薄問
受告壬曰諾　0408

51

長二〇・七釐米　寬一・四釐米

須臾乘之來以所召亡者□□□□大女理人屬壬□備盜賊令
史多乘之即對
令壽壬與多受告若乘之言・多曰故監葆嗇夫守令史備盜賊
迺元年　0190

52

長二一・七釐米　寬一・五釐米

六月辛丑夜令壽召多告曰橘州中有亡□人在
宮司空□使令　0352

53

長二二・四釐米　寬一・六釐米

獻鞫論耐乘之爲司寇・今乘之辤後司寇有它解證案不當論
寰與
丞俠獄史則獻鞫其獄誠不審失司寇罪毋它=若乘之證之　0661

54

長二二釐米　寬一・五釐米

人來言曰迺前未伏一日橘州中有亡者其人在宮司空不識其
何界壽
即令亭長朝召令史乘之令往問在臨湘界南山界其人已告
未=告將其　0536

55

長二一・三釐米　寬一・五釐米

治街亭六月辛丑夜人定有頃臨湘令壽使亭長朝召多令多侍
令史乘之廷

中乘之將亡者來女子名理人屬多臨湘廷門外曰趣受亡者女
子告方言君　0222

56

長二一・四釐米　寬一・六釐米

三年七月乙丑具獄史釘爰書召信訊先以證律辯告信乃以劾
乘之辤訊
辤曰大夫臨湘令壽門下亭長迺元年六月辛丑夜人定有頃臨
湘令壽召信　0399

57

長二一・一釐米　寬一・六釐米

三年七月丁卯具獄史釘爰書訊則以劾乘之辤辯告乃訊□曰
臨沅莊里爲中
尉卒史案督盜賊迺元年六月辛丑夜昏有頃時不智何人四男
子劫臨湘邸里　0406

58

長二一・一釐米　寬一・六釐米

大女理人取錢衣橘州中園舍去亡理人在宮司空告臨湘令史
乘之以臨湘壽教召理
人將理人之臨湘廷報令壽受告乃開吏徒追捕則劾乘之以回

辟逗 0397

59

長二二・三釐米　寬一・九釐米

八年四月辛丑朔丁酉尉史方河人爰書牛造里官大夫張乘之
自言故爲臨
湘令史前有論事已當復用若故官案已上及須決今毋決謁補
下官缺
吏除若律令 0416

臨湘吏言案行廷獄與治囚等事書案（60～64）

60

長二三・二釐米　寬二・七釐米

七年五月丙子朔癸巳守獄門臨湘安陽嗇夫辟閭敢言 2019
之壬辰盡其夜當宿食牢獄門諸主守囚吏卒不出（正）
嗇夫辟閭（背） 2019b

61

長二一・八釐米　寬一・五釐米

七年五月丙子朔甲午擴門佐到敢言之癸巳旦夕受囚陽餽陽
舍人營所即索餘食中毋毒藥兵刃書已索即以屬守獄門 0513

62

長二二・一釐米　寬一・三釐米

吳旦河人夕受囚餽獄門嗇夫辟閭所餽盛以具攘到獄索餘食
中毋毒藥兵刃及
竄書已乃予囚食囚復朧與俱囚轂及所當得應法不願遂亡自
殺傷證不與囚相見毋 0772

63

長二二・二釐米　寬一・七釐米

□夕受囚餽廣門佐到所盛以具檢到廷中索餘食中毋毒藥兵
刃竄書／以餽旦屬獄史吳夕屬河人辟不入獄非臨湘史毋入
0617

64

長二二・一釐米　寬一・三釐米

七年五月丙子朔丙申司空嗇夫禎敢言之乙未盡夜司空吏卒
官屬及它吏卒毋入司空從擅來見獄中人爲囚通言語 0509

駕、縱、野劾不審案（65～71）

65

長四二・九釐米　寬一・四釐米

案將田義陵佐僮移連蔺上粟作筥券曰錢五千七百八十一絣繒四
匹一丈九尺二寸直錢千九百七十一春草二匹一丈五尺七寸直錢
千一百卌
九緹繒三丈五尺直錢四百五十五素繒五尺五寸直錢卌九
0037

66

長三九・二釐米　寬一・五釐米

案將大農田官移賃庸出券＝三其一錢四千七百廿一素繒五尺五
寸直錢卌九 ㇄ 錢六百五十六 ㇄ 一錢五千一百廿五絣繒四匹〼
直錢千九百七十一春草繒二匹二寸直千一百卌九緹繒三丈五尺
直錢四百五十五・三年三月乙丑四月丙申丙午將田義陵佐僮沅
陽佐〼 0081

67

長四四・五釐米　寬一・四釐米

陽安成里公乘伉充南陽公乘午所具庸擊禾爲米四百七十二石
作盛粟筥三百六枚連粟爲米五百廿二石六斗積徒四百七十一
人＝日卅錢伉
庸長三月乙丑受錢萬五百一問庸人公乘野貍豹等皆未得錢伉受
野等賃錢不予野等與令史葵守令史相邕正午共盜伉等實不
受繒僮 0078

68

長四三・七釐米　寬一・五釐米

四年五月甲子朔庚寅案事長沙相史駕武陵守卒史縱辰陽令
史野劾
六月丙申案事長沙相史駕武陵守卒史縱移辰陽以律令從事
言夬相府／相史駕卒史縱 0046

69

長四一・五釐米　寬一・五釐米

五年二月己丑朔丁酉服捕命未得者尉史驕爰書命男子卯自
詣辭曰故公大夫沅陽昌里爲沅陽倉佐均鐔成庫佐鐔成遣卯
趣作倉役無
□□陵沅陽相史駕卒史縱劾卯以詐爲書辟負辟償臧六百以
上移辰＝陽＝辟歸鐔＝成＝以＝吏亡鞫論免卯削爵爲士五辰陽
獄史光甲與丞邮 0040

70

長四二釐米　寬一・四釐米

以劾鞫駕論命髡鉗笞百鈦左止爲城旦監田守虜□□周令史

劉劾卯三事其一事盜錢八千七百六十六ㄴ一事粟廿□石ㄴ一
米四斗八升移無=陽=□
充與長始庫後行丞事鞫駕論命卯髡鉗笞百釱左止爲城旦實
不敢詐爲書辟負償不盜錢粟有後請今來自出治後請 0013

71

長四二釐米 寬一·六釐米

二月丁酉服捕命未得者尉史驕敢言之謹移令求盜卯將致謁
以律令從事敢言之／尉史驕 0038

長沙臨湘少内禁錢計計誤案（72～80）

72

長二二·一釐米 寬一·五釐米

元年五月丙子朔乙丑右倉昌敢言之廷下長沙内史臨湘書曰
遣令史農夫是丞相六年計楝絡
長一牒六年長沙臨湘少内禁錢計付大倉右倉禾稼計茹卯一
石受二石合青笥二合韋橐 0503

73

長二〇·四釐米 寬一·五釐米

七年七月乙亥朔庚寅少内佐堅敢言之廷移丞相計
校繆短二牒其一曰六年長沙□湘少内禁錢計 0334

74

長二二釐米 寬一·四釐米

湘少内禁錢計付大醫左府乘與藥計茹卯十三
斤受廿三斤象骨一斤受二斤縑織一衺二丈二 0130

75

長二二·三釐米 寬一·五釐米

五年四月戊子朔戊子少内佐誤敢言之謹使倚輸五年調茹一
石及所以盛飭物并爲校券一謁大
倉令官定以物如校受長沙臨湘少内禁錢計=六年問計官名所
上校二千石官爲報=臨湘 0504

76

長二二·二釐米 寬一·四釐米

上校長沙内史府敢言之·四月辛卯臨湘令城都水丞廣行丞
事移大倉／令史賀
七月壬辰大倉章告右下真券受爲報如律令／令史
中·第·□□前 0501

77 長二二・一釐米　寬一・六釐米

五年六月丁亥□□□右倉佐樂歲敢言之廷下長□臨湘少內謹
使佐倚相奉輸六年調茹卵
一石及所以盛飭物并爲校券一受爲報今受其茹卵一石韋橐二
枚聶廣各尺五寸衺四尺五寸 0506

78 長二二釐米　寬一・五釐米

府大醫令官□以物如校受長沙臨湘少內禁錢計六年問官名所
上校
二千石官名爲報臨湘上校長沙內史府敢□之 0667

79 長二二・一釐米　寬一・二釐米

六年四月壬子朔乙卯少內佐監敢言之謹使令史農夫奉輸六年
調茹卵一石大倉所以盛飭并爲校券
一謁關內史府移大倉令官定以物如校受長沙臨湘少內禁錢計
六年問計官名所上校二 0187

80 長二一・九釐米　寬一・四釐米

六年六月癸亥朔乙亥右倉佐□敢言之廷下臨湘書使令史農
夫輸六年茹卵一石及所盛飭物受
爲報今已受謁移臨湘定以如校付大倉右倉禾稼計=六年大倉
上校大農府它如書令農夫校敢言之 0508

大女南坐負罰金案（81～83）

81 長二二・二釐米　寬一・七釐米

五年九月丙辰朔丁卯都鄉佐鼻敢言之廷移臨湘書曰北平大
女南坐
負罰金臨湘庫弗能入居迺四年六月中去亡捕得南辤五年五
月中自出 0102

82 長一九・四釐米　寬一・六釐米

☑蔡土所書到定名史里它坐有罪耐以上當請者非
☑自出真爰書・謹案南名史里定毋它坐有罪耐以上不 0101

83 長二〇・八釐米　寬一・五釐米

⧄問蔡=士=曰五月中主治計下視官事不受南自出案南
⧄書敬寫年籍☐牒謁移臨湘以從事敢言之　0103

固等劫奪葉侯使者錢衣器案（84～86）

84

長二一·七釐米　寬一·四釐米

之佐固衣器今捕得定邑娫年里士五☐午曰迺十二月
中與定邑男子唐固與劫奪枼侯使者今固有它　0522

85

長二一·八釐米　寬一·五釐米

劾得及固=母皆毄臨湘今使獄史俊具獄臨湘書到主可
令毋害獄史聽與俊襍以☐辤訊固=母聽展其辤　0516

86

長二〇·五釐米　寬一·四釐米

劫奪枼侯使者錢衣器固得及固母皆毄☐☐今使獄史後具
獄☐與訊以畀後今已訊以畀後固母毄定邑已☐定邑☐　0279

可思首匿案（87～93）

87

長三四·三釐米　寬一·七釐米

鄉即亡相往邸之☐☐☐吳人寸等皆曰諾其八月生一日夜可
半時代人伯子嬰吳人寸等即俱去亡其八月生四日可晏食☐
嬰吳人寸亡盧旁竹中伯子即之鄧車盧可須臾環邸代人嬰吳
人寸等曰伯新往視田獨☐☐☐已告☐弗入代人嬰吳　2116

88

長二五·一釐米　寬一·六釐米

⧄☐可思方與樂聚鄉尉卿令史童等捕可思子樂之亭時嬰代
人等方縛在亭上尉卿
⧄言可思誠首匿定邑髡鉗笞百二百二百鈦左右止城旦吳
人髡鉗笞百二百鈦左右止城　2125

89

長一二·二釐米　寬一·五釐米

⧄☐☐臨湘上里爲孝文廟亭長☐⧄
⧄里大女可=思=子小男樂田☐⧄　0370

90

長一五·二釐米　寬一·五釐米

⧄□□□貌嬶□□與同事者五人俱來邸嬶=⧄
⧄□去不蜀止可思心□伯子不忍去癃諾伯子即□⧄ 0484

91

長二二・七釐米　寬一・五釐米

方位廷下代人嬰吳人寸等即拜與可思言曰有死罪生平未嘗
得謁母今有⧄
□□鄧車來代人伯子嬰吳人寸等即起拜與鄧車言鄧車謂伯
子曰我前⧄ 0581

92

長一九・三釐米　寬一・五釐米

⧄急來煩累邸女可思曰諾何傷即唬代人嬰吳人寸等入坐內
中
⧄□女有事言女得來伯子曰賴伯得屬見人來今故來邸伯鄧
0651

93

長一一釐米　寬一・四釐米

炅代人吳人寸等即環復之可思盼⧄
寸吳人嬰伯子等人坐食已即臥留可⧄ 0475

令史兒等爲武擅解脱易桎案（94～106）

94

長二一・一釐米　寬一・五釐米

九年五月乙未朔丁未臨湘令堅長賴丞尊守丞告尉謂倉都
鄉敢告宮司空攸南陽將作定=王=后=營徒髡鉗城旦故大夫臨
0591

95

長二一・二釐米　寬一・六釐米

令人將致其聽書倉受入髡傅衣所當依服移校九年
癰獄計它以從事敢告主 0598

96

長一六・七釐米　寬〇・九釐米

九年五月乙未朔丁未臨湘令堅長賴丞尊守丞告尉謂倉都鄉
敢告宮
司空攸南陽將作定王=后=營徒髡鉗城旦故大夫臨湘泉陽里
武完爲 0232

97

長二〇・九釐米　寬一・五釐米

九年五月乙未朔丁未臨湘令堅長賴丞尊守丞告尉謂倉中鄉
敢
告宮司空攸南陽將作定=王后=營徒髡鉗城旦故大夫臨湘泉
陽 0525

98 長二一・七釐米　寬一・四釐米

里武完城旦徒故官大夫攸大里兒宮司空令史公乘攸臧郢
里外佐公乘南陽平陽里不識皆坐武故爲臨武丞盜所主
守 0125

99 長二一・七釐米　寬一・六釐米

臧六百公士以上盜武轂宮司空獄請主轂令史兒=爲武擅解脱
易桎獄史外不識知武請兒聽武請爲武擅解脱易桎論完 0529

100 長二〇釐米　寬一・六釐米

兒爲城旦不劾論武監臨見知縱故弗舉劾外不識公士以上得
轂□武兒外不識皆有它重罪坐復治駕論武笞百鈦左髡鉗
□ 0299

101 長二〇・二釐米　寬一・四釐米

□□識皆爲城旦籍髡笞得論行武兒外不識重罪如律令
□□主 0263

102 長二一・一釐米　寬一・五釐米

解脱易桎論完爲城旦不劾論武監臨見知縱故弗舉劾外不
識公士以上得轂牢駕論武笞百鈦止髡鉗兒外不識皆爲城旦
籍髡 0519

103 長二一・七釐米　寬一・五釐米

陽里武完城旦徒故官大夫攸大里兒宮司空令史公乘
南陽平里不識皆坐武故爲臨武丞監所主守臧六百 0798

104 長二一・九釐米　寬一・四釐米

公士以上盜武轂宮司空獄請主轂令史兒爲武擅
解脱易桎外不識知武請兒聽武請爲武擅解脱易 0803

105 長二一・五釐米　寬一・七釐米

城旦籍髡笞令人將致其聽書倉受入髡傳衣所當依服移

校九年應獄計它以從事敢告主　0811

106 長二〇・二釐米　寬一・四釐米

里武完城旦徒故官大夫攸大里兒宮司空令史公乘攸臧郢里

外佐公乘南陽平陽里不識皆武故爲臨武丞盜所主守臧六百

公　0208

血妻、齊盜贓案（107～117）

107 長二一・一釐米　寬一・三釐米

一麻布六尺二寸芨妻一兩臧（贓）并直錢千三百廿八臧皆

千錢以上得

轂牢駕論髡鉗血妻齊ㄥ血妻笞一百二百鈦左右止□□□

0119

108 長二〇・七釐米　寬一・四釐米

衣一銅釪一不知何人米二石□□一樓臧并直錢萬三千八百九十

血妻有

盜長賴令史吳銅釪一士五號盧麻單衣□□□□百八十四　0339

109 長二〇・六釐米　寬一・五釐米

節一雙嬰一兩臨湘大女合皂卑卑一麻布六尺二寸芨妻一兩

□并直錢千三百廿八臧皆千錢以上得轂牢駕論髡鉗　0402

110 長二〇・六釐米　寬一・五釐米

九年二月丙寅朔甲申臨湘丞忠謂司空敢告宮司空南山

烝陽丞主宮司空髡鉗城旦徒血妻完城旦徒齊＝　0547

111 長二一・四釐米　寬一・五釐米

故公乘烝陽羅里血妻士五南山成里皆坐盜鐵涓

各一亡未命共盜靖園高成里大夫昌錢二千麻布一　0595

112 長二〇・七釐米　寬一・四釐米

匹緒複衣一□羅複被一青羅複函領一緒ㄥ麻單衣各

二麻皂複衣二小車檢一合絲皂複袴一兩黃里㿉 0587

113
長二〇・五釐米　寬一・五釐米

慶栱船一樓壽陵西都士五朝練絲複衣一銅釾一不
知何人米二石栱船一樓臧并直錢萬三千八百九十血婁有盜
長賴令 0197

114
長二〇・六釐米　寬一・四釐米

史吳銅釾一士五號盧麻單衣三米四斗錢百八十四節一
雙嬰一兩臨湘大女合皂卑一麻布六尺二寸�婁一兩 0535

115
長二〇・四釐米　寬一・四釐米

臧并直錢千三百廿八臧留千錢以上得轂牢駕論髡鉗
血婁齊＝血婁笞一百二百鈦左右止齊笞百鈦左止皆 0549

116
長二〇・九釐米　寬一・四釐米

爲城旦籍髡笞其聽書司空受入髡傅依所當衣
服移校九年應獄計除錄血婁齊所共盜昌錢八百 0596

117
長二〇・五釐米　寬一・六釐米

卌一緒／麻單衣各一麻皂複衣二小車檢一合慶栱船一
樓不知何人米二石栱船一樓靡它皆見已以畀昌等 0588

散簡（118～120）

118
長一七・二釐米　寬二・一釐米

九年十一月丁酉朔□□鐵官長齊守臨湘令丞忠敢言之
斗食嗇夫令史功舉者十六牒別言夬其一曰臨湘斗 1805

119
長二二・六釐米　寬二・一釐米

八年後九月戊戌朔丙辰鐵官長齊守臨湘令丞忠敢言之府
移劾曰牒書七年斗食嗇夫令史功舉臨湘十六牒以律令
從 1807

120
長二二・七釐米　寬二・九釐米

五年六月乙亥朔癸巳東鄉嗇夫嬰敢言之廷移臨湘書曰都里

士五閭坐
去家過三百里不取傳定名里年姓它坐追識者報謹問士五姓
陽氏名里定
未亡時毋它坐有罪不當請年廿三遣父大夫視識謁報臨湘敢
之 1808